大股东行为变迁与
会计信息质量

马德芳　李　瑞　王梦凯　曾　博　著

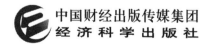

中国财经出版传媒集团
经济科学出版社

图书在版编目（CIP）数据

大股东行为变迁与会计信息质量/马德芳等著. —
北京：经济科学出版社，2021. 10
ISBN 978 - 7 - 5218 - 2993 - 8

Ⅰ. ①大…　Ⅱ. ①马…　Ⅲ. ①上市公司 - 股东 - 影响
- 会计信息 - 研究　Ⅳ. ①F276. 6

中国版本图书馆 CIP 数据核字（2021）第 215378 号

责任编辑：黎子民　刘子鋆
责任校对：蒋子明　王苗苗
责任印制：王世伟

大股东行为变迁与会计信息质量

马德芳　李　瑞　王梦凯　曾　博　著
经济科学出版社出版、发行　新华书店经销
社址：北京市海淀区阜成路甲 28 号　邮编：100142
总编部电话：010 - 88191217　发行部电话：010 - 88191522
网址：www. esp. com. cn
电子邮箱：esp@ esp. com. cn
天猫网店：经济科学出版社旗舰店
网址：http://jjkxcbs. tmall. com
北京季蜂印刷有限公司印装
710×1000　16 开　13 印张　240000 字
2021 年 10 月第 1 版　2021 年 10 月第 1 次印刷
ISBN 978 - 7 - 5218 - 2993 - 8　定价：50. 00 元
（图书出现印装问题，本社负责调换。电话：010 - 88191510）
（版权所有　侵权必究　打击盗版　举报热线：010 - 88191661
QQ：2242791300　营销中心电话：010 - 88191537
电子邮箱：dbts@ esp. com. cn）

前　言

　　本书以关联方交易与会计信息质量（会计稳健性）的关系为切入点，考察了全流通前后大股东关联方交易行为的变迁及其对会计信息质量的影响，并分析了公司外部治理机制对大股东行为监管是否有效。

　　首先，本书在评述相关研究文献的基础上，对我国 A 股上市公司大股东关联方交易行为和会计信息质量进行了考察。本书研究发现，我国上市公司大股东之间的关联方交易规模和频率均呈现出逐年上升的趋势，并且其中日常商业类关联方交易所占比重最大，而抵押担保类关联方交易逐年上升趋势最为明显。会计信息质量则呈现出波动态势，尽管亏损公司的会计稳健性显著高于盈利公司，但两类公司整体均存在会计稳健性。整体而言，关联方交易对会计信息质量产生了显著负面影响，并且这一负面影响主要源于上市公司与大股东之间的日常商业类关联方交易，无论上市公司在交易中处于卖方地位还是买方地位，关联方交易均可能成为大股东对上市公司实施利益侵占的手段，而这种侵占之后通过操控会计信息进行掩盖的行为对会计信息质量产生了显著负面影响。

　　其次，本书也从全流通的动态视角考察了大股东股票全流通过程对两者关系的影响。本书研究发现，随着全流通后大股东利益实现方式的多元化，全流通后大股东的掏空行为并未完全消失，甚至大股东通过抵押担保类关联方交易进行掏空的行为有显著增多趋势，相应地这类行为在全流通后对会计信息质量产生了显著负面影响。此外，全流通解禁后，逐渐增强的股票流通性对会计信息质量产生了显著正面影响，但是进入股改程序，以及新会计准则的应用不当却对会计信息质量产生了显著负面影响，具体而言，样本公司进入股改当年会计稳健性的显著下降与大股东为降低股改对价支付水平而加速利好消息的披露有关，而应用新会计准则过程中对公允价值计量方式过于广泛采用所导致的过于乐观的公允价值估值同样也是影响会计稳健性的另一重要因素。

再次，本书还考察了全流通前后各类外部治理机制的变化及其对大股东关联方交易行为与会计信息质量的影响。在公司外部治理机制方面，全流通后机构投资者的持股比例及其对大股东的制衡程度有显著提升，相应地其在抑制上市公司与大股东关联方交易、提升会计信息质量方面产生了积极作用。债权人在全流通前就已存在对关联方交易的显著抑制效果，并且这一效果在全流通后仍然存在，但是全流通后债权人对会计信息质量的需求却有显著减弱。全流通后四大会计师事务所在A股年审中的比例显著下降，A股上市公司标准无保留审计意见比例有小幅提升，全流通前四大会计师事务所审计与会计稳健性之间的显著负相关关系在全流通后得到了显著改善，全流通后标准无保留审计意见样本公司的会计稳健性也更高。全流通后，机构投资者在抑制日常商业类关联方交易对会计稳健性的负面影响方面具有显著积极作用，债权人在抑制资金债务类关联方对会计稳健性的负面影响方面具有积极作用。

最后，本书分别以F公司、G公司和L公司为例，对大股东掏空、股权质押和减持等关联方交易行为的动因和经济后果进行了深入的分析，研究发现由于股权过于集中、内部治理机制失效、内控制度存在缺陷、违规成本低、外部监管力度不足、信息不对称等多方面的原因，上市公司大股东关联方交易会造成公司债务逾期、营运能力下降、业绩下滑、股价崩盘风险加大、中小股东利益受损、市场金融风险增大、资本市场秩序被破坏等经济后果。针对现存问题，可以从多个方面进行改善，例如，优化公司内部治理结构、增大外部投资者的持股比例、完善对中小股东的保护机制、加强市场监管及惩戒力度、加强信息披露监管力度等。

本书认为，全流通后大股东从上市公司利益转移的动机仍然存在，其行为只是变得更加隐蔽，并且最终控制人控制权与现金流权差异的逐渐扩大，使其全流通后的利益侵占成本有不断降低的趋势，在我国内公司外部治理效果仍然较为有限的现实情况下，需要政府监管部门加强对关联方交易的监督与管理。深入研究大股东行为变迁问题并提出一些建议措施，不仅有助于保护投资者的合法权益，还有利于上市公司和资本市场的健康长远发展。

目　　录

第一章　导论 ……………………………………………………… 1

　　一、研究背景 ………………………………………………… 1

　　二、研究思路与目标 ………………………………………… 3

　　三、研究内容与研究方法 …………………………………… 6

　　四、研究意义、本书发现与创新 …………………………… 7

　　五、本书的局限与不足 ……………………………………… 9

第二章　理论基础与文献综述 ………………………………… 10

　　一、理论基础 ………………………………………………… 10

　　二、关联方交易文献综述 …………………………………… 15

　　三、会计稳健性文献综述 …………………………………… 23

　　四、全流通文献综述 ………………………………………… 31

第三章　大股东行为影响会计信息质量的实证检验 ………… 36

　　一、关联方交易 ……………………………………………… 36

　　二、会计稳健性 ……………………………………………… 44

　　三、关联方交易与会计稳健性 ……………………………… 51

　　四、本章小结 ………………………………………………… 68

第四章　全流通前后大股东行为变迁影响的实证检验 ……… 70

　　一、理论分析与研究假设 …………………………………… 70

　　二、研究设计 ………………………………………………… 73

　　三、实证检验与分析 ………………………………………… 75

　　四、本章小结 ………………………………………………… 103

第五章　外部治理机制对大股东行为监管有效性检验 ……………… 104

　　一、理论分析与研究假设 ………………………………………… 104

　　二、研究设计 ……………………………………………………… 107

　　三、实证检验与分析 ……………………………………………… 109

　　四、本章小结 ……………………………………………………… 139

第六章　大股东行为变迁案例分析 …………………………………… 140

　　一、大股东掏空行为案例研究——以 F 公司为例 ……………… 140

　　二、大股东股权质押行为案例研究——以 G 公司为例 ………… 151

　　三、大股东减持行为案例研究——以 L 公司为例 ……………… 162

第七章　研究结论 ……………………………………………………… 174

参考文献 ………………………………………………………………… 178

第一章

导　　论

　　本章主要阐述了本书的研究背景、研究思路与研究目标，对本书即将研究的各项内容以及这些研究内容的实现方式与方法、本书的研究意义与创新进行了概括性描述。

一、研究背景

　　根据所持股权的多少，上市公司股东被划分为大股东与小股东，或者被称为控股股东和参股股东，而在上市公司，公司决策运行的基本标准是"资本多数决定原则"，大股东由于拥有公司大部分股权，从而对公司形成一种控制权，最终大股东可能会利用控制权为了自身利益采取侵害中小股东利益的决策行为。大股东利用控制权侵害中小股东利益的主要路径主要存在于两个方面：(1) 大股东操纵董事、监事或高级管理人员的意志采用各种方法直接侵害中小股东利益；(2) 大股东控制的董事、监事或高级管理人员采用各种方式直接侵害公司利益，最终间接侵害中小股东利益。1997 年 5 月，在"琼民源"利用关联方交易虚构利润 5.66 亿元的背景下，财政部颁布了第一个关联方交易监管法律文件，即《企业会计准则——关联方关系及其交易的披露》。由于内容和范围的限制，该准则的出台并没有完全制止日益猖獗的大股东非法侵占中小股东利益及欺瞒投资者的关联方交易行为。关联方交易在我国资本市场发展中所受的关注程度远高于其他交易行为。"琼民源"之后的"ST 黎明"、"三九事件"、"农凯"系、"德隆"系、棱光实业以及 ST 达曼等一系列与关联交易相关的大案都还让证券市场记忆犹新。2019 年 10 月，北京市海淀区人民法院审结一起股东损害公司利益纠纷案件，小股东提起股东代表诉讼，被告不是别人，正是公司控股大股东。最终，法院支持了原告小股东的诉讼请求，判令被告公司控股股东向第三人公司返还其受侵占资金 189.44 万余元，并赔偿利息损失。法官还首次在判决中认定股东代表诉讼的诉讼时效期间自修订后的公司法施行之日起算，而不是通常情况下的从权利人知晓利益受侵害之时起算，从而保护了公司和其他股东的利益。

经济合作与发展组织（OECD）于 2009 年发布的报告中指出，关联方交易是亚洲国家公司治理面临的最大挑战。在我国，上市公司大股东与上市公司之间的关联方交易更是大股东侵占中小股东利益、实现其控制权收益的重要渠道（马曙光等，2005）[208]。大股东利用关联方交易"掏空"上市公司的案件屡见于报纸、杂志，尽管相关监管机构出台了各项政策与措施，力图遏制这类利益侵占行为，但上市关联方交易的治理仍然是我国上市公司治理的一个重大难题。我国上市公司与大股东间关联方交易治理的重重困难与我国特殊的经济制度背景有着密不可分的关系。

不同于东欧前社会主义国家对国有企业进行的全盘私有化改革，我国的国有企业改革采取了一个循序渐进、逐步推进的过程（Inoue，2005[75]；Hovey & Naughton，2007[69]）。从早期的"放权让利""拨改贷""费改税""承包制"，再到后期的公司制、股份制改造，以及为配合建立高效、透明的国有企业管理制度而形成的分层级国有资产管理机构，这些均对提高国有企业经营灵活性和市场适应性起着积极推动作用。值得注意的是，虽然股份制改革后的上市交易有助于引进外部投资者，让企业接受更多的监督，提升公司治理水平（Sun & Tong，2003[122]；Aivaziana et al.，2005[6]；Jiang et al.，2009[84]）。但在股份制改革的早期，为了保持国家对国有企业的绝对控制权，在 2005 年之前，除公开发行的公众股外，上市公司其他类型股份均无法在二级市场上流通交易①。这样人为地将股票划分为流通股和非流通股的股权分置格局，虽然有利于大股东的绝对控制地位，但同时也导致了一系列不利影响，这些不利影响包括：新股 IPO 高抑价（Chan et al.，2004[31]；刘煜辉和熊鹏，2005[204]）、股票价格扭曲（Tam，2002[124]；魏军锋，2004[240]；Mei et al.，2005[105]）、上市公司股东间缺乏制衡（徐莉萍等，2006）[262]、大股东侵占和掏空上市公司动机强烈（马曙光等，2005[208]）、公司治理机制无法得到有效运行和不作为高管无法更迭等一系列问题（Li et al.，2011）[99]。

始于 2005 年 5 月的股权分置改革是我国完善资本市场的重要一环。这项

---

① 1992 年 5 月出台的《股份制企业试点办法》中将企业股权分为国家股、法人股、个人股和外资股四类，并作出国有股和法人股不能上市流通和公众股可上市流通的差异性制度安排。1992 年 5 月出台的《股份公司规范意见》规定，证券市场中除公众股外，国家股、法人股和外资股暂不流通。

改革旨在通过非流通股的逐步流通，消除非流通股股东与流通股股东之间的利益不一致性，从而实现股权结构改善、提升公司治理水平（Jiang et al.，2009）[84]，进而促进业绩增长、提升公司价值、提高市场资源配置效率，推动我国资本市场的繁荣发展。

2006年末股改顺利完成①，我国资本市场开始逐渐进入全流通时代，股票流通性逐步变化过程的经济后果成为理论界与实务界的热点话题。在股改前普遍存在的大股东从上市公司进行利益转移的行为，随着大股东利益实现方式的改变发生了重大变化：一方面，股改公司大股东在股票全流通后可以在二级市场上抛售套现，其股改前通过关联方交易侵占上市公司利益的行为显著减弱（廖理和张学勇，2008[195]；Campello et al.，2010[30]）。另一方面，大股东对上市公司的"支持"行为增多（张祥建和郭岚，2008[285]；周晓苏和张继袖，2008[299]）。全流通前大股东关联方交易对会计信息质量产生的负面影响是否会随着全流通进程的推进发生显著变化？上市公司大股东的行为变迁最终将通过企业的会计信息质量得以体现，会计信息作为资本市场决策的主要输入变量之一，在企业估值和解决企业内外部信息不对称性中起着重要作用。因此，由于股票全流通而引发大股东行为变迁会对会计信息质量（会计稳健性）产生的影响值得关注。

二、研究思路与目标

（一）研究思路

本书的研究想法源于股改之初，很多学者指出股权分置改革是我国资本市场发展的拦路虎，既然股改已经结束，并且随着时间的推移，全流通的市场格局已经逐渐形成，那么，我国资本市场上各种由于分置股权引发的问题是否得到了改善？

会计信息的相关性、有用性源于资本市场的需求，可以说资本市场的繁荣与发展必然需要与之相配套的高质量的会计信息做支持。股改前股权分置引发

---

① 2006年3月19日国务院发布《国务院2006年工作要点》，要求2006年基本完成上市公司股改。截至2006年底1 142家上市公司已完成了股改，占所有股改公司的86.91%。

的各类问题会对会计信息的需求以及会计信息的生成过程产生影响，股改后①市场结构的逐渐变化引发的利益实现方式变化和市场结构的变化是否会对会计信息质量产生影响？股改后会计信息质量是否发生了显著变化？如果变化了，是提高还是降低？并且影响会计信息质量变化的推动与阻碍因素有哪些？在我国的现实情境下，会计信息质量的提升，主要是源于国家的强制性要求，还是源于投资者或利益相关者的需求？本书试图从多个方面角度对以上这些问题进行探索。

本书研究的切入点为关联方交易，主要是由于我国股改之前上市公司与大股东间的关联方交易普遍存在，并且成为大股东操控上市公司利润、满足自身私人收益、避免上市公司退市和满足再融资条件的最经常使用的手法（王亮等，2010）[232]。关联方交易在股改前盛行的一个原因就是股改前大股东股权的高度集中，其持股利益无法通过二级市场的流通性实现。既然股改后大股东逐渐获得了流通性，那么股改前后大股东利益实现方式的变化必然导致其行为的变化，而这一行为变迁，又会对大股东与上市公司间最为频发的关联方交易行为产生影响，这自然也会对上市公司的会计信息质量产生影响。

本书会计信息质量的考察采取学界近年较为广泛使用的会计稳健性作为代理变量，我国股权分置改革始于 2005 年，并于 2006 年进入全面股改阶段，从 2007 年开始已完成股改公司的非流通股份变为限售股并开始进入 1 年的禁售期。随着股改的推行，股票市场流通性变化的过程对会计信息质量（稳健性）产生怎样的影响？本书希望以全流通进程中股票流通性的变化作为切入点，考察会计稳健性在全流通中会产生怎样的变化。

会计稳健性是企业各种会计政策选择行为的最终体现，会计稳健性与会计政策选择之间具有直接联系。作为研究切入点，本书选择了以关联方交易与会计稳健性的关系作为研究视角。这是由于关联方交易行为在上市公司中普遍存在，是大股东操纵上市公司利润、获取控制权收益的主要手段之一，关联方交易行为也是影响上市公司会计信息质量的一个重要因素。关联方交易在全流通前后发生的显著变化（周晓苏和张继袖，2008[299]；王亮等，2010[232]）为我们考察会计稳健性的动态变化提供了契机。

股权分置改革中上市公司股票的流通性主要经历了四个阶段的变化：第一阶段为股权分置改革实施前的多数股权不可流通阶段，第二阶段为股权分置改

---

① 本书在"股改前后""全流通前后"等词语存在互用的现象，但两者表达的意思均一致，均代表了股权分置改革前后期间。

革的协商和股改方案的通过阶段，第三阶段为股权分置改革方案顺利通过后的原非流通股转为限售股的禁售阶段，第四阶段为限售股解禁后的全流通阶段。在股权分置改革的实施过程中，不同学者对全流通的后果持有不同意见。有些学者认为股改后的全流通带了积极影响，如业绩的提升、公司治理结构改善（廖理和张学勇，2008[195]；谢梅和郑爱华，2009[256]），有些学者则认为股改后的中国证券市场将变得更加动荡（李小溪，2010)[186]，股票的全流通无法解决我国资本市场很多根深蒂固的问题，甚至会带来很多新问题（刘成彦和陈炜，2006[197]；张祥建和郭岚，2008[285]）。2006 年上市公司全面股改结束后，股票市场迎来了一个接一个的解禁高峰，市场流通性也得到了很大提升。股票流通性的显著提升带来的经济后果已有大量研究涉猎，但对于全流通的会计后果仍然缺乏系统性的分析。

本研究遵循"动机—行为—后果"的研究思路。首先分析了全流通条件下大股东在上市公司利益动机的变化，然后分析了动机变化导致的关联方交易行为的变迁，最后考察行为变化对会计信息质量（会计稳健性）的影响。在具体研究实施中，分别对"动机—行为"和"行为—后果"进行了理论分析和实证检验。

"行为—后果"为本书主要关注点，该部分分析了关联方交易行为与会计稳健性之间的关系，考察了全流通过程中两者关系的变化。在此基础上，深入探讨全流通过程中外部治理机制变化对关联方交易和会计稳健性的"激励"和"约束"作用，最终形成大股东行为变迁与会计信息质量的系统化研究体系。具体研究思路详见图 1 - 1。

（二）研究目标

本书的研究目标主要有三个：

（1）分析在我国特殊制度背景下关联方交易与会计信息质量的关系。

（2）分析股票全流通过程中关联方交易与会计信息质量关系的变化，以及股票全流通进程中外部治理结构的相应变化，及其对关联方交易变迁和会计信息质量的影响。

（3）从股票流通性变化对关联方交易行为变迁和会计信息质量影响的角度考察了股票全流通的会计后果。

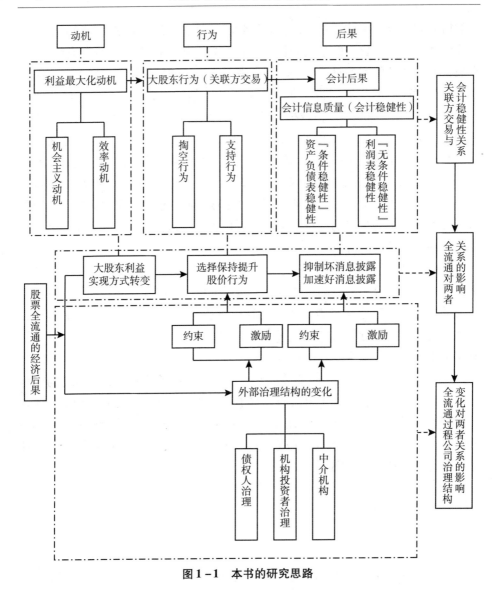

图 1－1　本书的研究思路

三、研究内容与研究方法

（一）研究内容

本书共包括七个章节，其中第一章为导论，对全书的研究背景和研究意义以及研究思路和研究方法进行概括性的阐述。第二章为理论基础与文献综述，对与本书相关的一些经典理论予以概述，并在此基础上对关联方交易、会计信息质量和全流通相关的研究文献予以梳理。第三章对大股东行为影响会计信息质量进行理论分析和实证检验。第四章从全流通的动态视角分析大股东行为变迁与会计信息质量关系的变化。第五章考察了全流通过程公司外部治理机制的变化，及其对大股东行为和会计信息质量关系的变化。第六章分别对大股东掏空、股权质押、减持三种关联方交易行为进行案例分析，分析大股东自利行为的动因和经济后果，并给出了对策建议。第七章对全书进行了总结。

（二）研究方法

在研究方法上，本书将规范研究与实证研究相结合，在研究假设的分析与推导中使用了逻辑演绎与归纳方法，在实证研究中使用了比较分析、方差分析和多元回归分析等方法。本书各部分中对这些研究方法进行了综合运用。

四、研究意义、本书发现与创新

（一）研究意义

1. 理论意义

会计稳健性的已有研究大多关注的是会计稳健性存在性的检验和会计稳健性影响因素的分析（Ball et al.，2000[8]；李增泉和卢文彬，2003[190]；赵春光，2004[291]；李远鹏和李若山，2005[188]；陈旭东和黄登仕，2006[153]），对于关联方交易与会计稳健性关系以及股票流通性与会计稳健性关系的研究仍然较少。

会计稳健性一方面会受到企业行为影响而发生变化，同时企业各利益相关者还可能基于自身信息不对称性程度的考虑，对会计稳健性产生不同程度的需求，通过会计稳健性来对上市公司的各类行为进行约束。本书旨在考察全流通背景下，大股东利益实现方式转化而引发的大股东关联方交易行为变化的会计后果。

本书研究意义在于以上市公司与大股东间的关联方交易与会计稳健性的关系为切入点，考察了全流通背景下大股东行为与会计信息质量之间关系的变化。在此基础上，考察了全流通过程中外部治理结构的动态变化对关联方交易和会计信息质量的"激励"和"约束"作用。对会计稳健性变化背后的原因进行了系统剖析，辨析了全流通的多方博弈过程中关联方交易和会计稳健性所受到的各类影响，探讨了股票全流通的经济后果和会计后果。

2. 实践意义

在大批限售股解禁与减持的过程中，市场流通性得到显著增强，为了获取更大的私人收益，各类限售股东披露好消息、抑制坏消息的动机可能会显著增强。上市公司流通股股东及监管机构也会注意到限售股东的这一动机。在解禁与减持的过程中会计稳健性会产生怎样的变化，是被动地受操控行为的影响，还是会被上市公司的利益相关者加以利用去约束那些机会主义行为？本书对该问题的探讨为资本市场改革与会计信息质量（会计稳健性）间的互动关系提供了实际经验证据，为我国证券市场的深化改革和我国上市公司会计信息质量的改进提供了政策建议。

（二）本书发现

本书发现上市公司与大股东之间的关联方交易对会计信息质量产生了显著负面影响，但随着股票流通性的提升，这一影响得到了显著减弱。全流通后控股东利益实现方式的多元化后，其对上市公司进行利益侵占的行为依然存在，只是变得更加隐蔽，这些利益侵占行为对会计稳健性的负面影响进一步加深。全流通后公司外部治理机制有了进一步改善，表现为对上市公司与大股东关联方交易的抑制和对会计稳健性的促进。

（三）本书创新

不同于已有研究关于中国资本市场会计信息质量进行的分析，本书对会计稳健性变化的考察更为细致，考察了对会计稳健性产生直接影响的大股东行为—关联方交易，开辟了上市公司关联方交易和会计稳健性研究的新视角。本书考察了关联方交易与会计稳健性的动态变化，系统地分析了股票流通性逐渐增强的背景下，大股东行为变化引发的关联方交易变化的会计后果。本书研究中对关联方交易的考察进行了更为详细的分类，考察了不同类型、不同方向关联方交易对会计稳健性的影响，并且本书还考察了两者关系在全流通前后的动态变化。此外，本书还考察了公司外部治理机制对会计稳健性与关联方交易和会计稳健性的影响，以及这些影响在全流通前后的变化，为未来有关中国上市公司关联方交易和信息质量的研究提供了新的研究思路。

五、本书的局限与不足

本书限于篇幅和文章的紧凑性，只考察了全流通背景下公司外部治理结构动态变化对关联方交易与会计稳健性的影响，对于其他与全流通有关且影响关联方交易与会计稳健性的因素未予以考虑。

第二章

理论基础与文献综述

本章在分析信息不对称理论、代理问题和公司治理理论的基础上，分别对关联方交易、会计稳健性以及全流通的相关文献进行了梳理，为后面章节的深入研究提供了理论基础和证据支持。其中，关联方交易相关文献分别从关联方交易的动因和后果两方面进行考察。而会计稳健性则是在探讨会计稳健性概念、争论和认识的基础上，分别分析了稳健性的影响因素、稳健性的经济后果和稳健性的度量方法。对于全流通的相关文献，本书则主要着眼于全流通对股权结构和公司治理两方面的影响研究。

一、理 论 基 础

（一）信 息 不 对 称 理 论

信息不对称理论源自信息经济学，信息的不对称是相对于对称信息而言的。在诸多经济模型中均存在完美市场假说（Perfect Market Hypothesis），完美市场下交易双方所掌握的信息是完全对等且充分的。同样在财务学、金融学研究中经常被使用的市场有效性假说①（Efficient Market Hypothesis）也假定信息在市场参与者之间是完全且充分的（Fama，1970；Beaver，1981）。现代财务学的另一块基石——资本资产定价模型（CAPM）同样假定投资者可以免费获

① 法玛（Fama，1970）[48]认为，如果有用信息能够及时、无偏地在股票价格中得到体现，那么市场将是有效的。比弗（Beaver，1981）[16]则认为如果证券的价格能够体现所有投资者都了解的某个特定的信息系统，那么市场对于这个信息系统就是有效的。

取所有信息，并且拥有完全一致的市场预期。但现实的世界并非完美，信息不对称性存在于市场的各个角落。例如，资本市场上，企业大股东掌握的信息远多于中小投资者，企业管理层和内部人员掌握的经营信息多于外部投资者，信息披露者掌握的信息多于公众可获取的实际对外披露信息（张文贤，2002）。

现实世界存在大量信息不对称，决策参与各方只能根据自己所掌握的信息作出相应推断和决策。例如，由于企业所有者无法完全了解经营者的实际努力情况，只能根据观察经营者的行为、经营者的经营成果等来对经营者的努力情况作出推断。同样，资本市场上股票投资者对于上市公司实际经营情况的了解，无法像上市公司大股东、管理层那样拥有较为充分的信息，他们只能通过上市公司的公开信息披露（公告、年报等），以及其他各类公开渠道可获取信息来进行投资判断。

由于信息的不对称性，一个理性且"利己"的信息拥有者可能通过自身信息优势，对那些不利信息予以隐藏，只披露对自己有利的信息，或是对有利信息及时甚至加速披露，而对不利信息延缓、拖延披露，从而最大化自身的收益。从关联方交易角度而言，当大股东与上市公司之间发生旨在攫取和转移上市公司利益的关联方交易时，大股东会借助其信息优势，有动机减少相关消息披露的充分性和完整性，从而混淆视听，降低市场的不安情绪，使自己利益转移的目的达到的同时不至于对股价造成大幅负面影响。

信息不对称性所引发的问题一般被分为两大类，分类标准是根据信息不对称性发生在事前（ex ante）还是事后（ex post）。发生在事前的信息不对称性被称为"逆向选择"，发生在事后的不对称性则被称为"道德风险"。其中，"逆向选择"是指信息掌握不充分的一方由于对事物的理解不够全面，为了避免自身在决策中利益受损，宁愿将事情往坏处想而不往好处想的一种决策方式（Scott，1998）。在资本市场上"逆向选择"源于投资者与被投资者间的信息不对等，而解决的方法则在于通过规范化的信息披露方式来减少信息不对称性，促进市场的有效性，保证各个企业定价处于合理的水平。

"道德风险"则是价格形成后（或实际交易完成后），由于信息不对称性引发的问题。"道德风险"同样存在于资本市场，例如，公司通过 IPO 吸引了大量投资者购入股票，但在拥有大量股票投资款后，上市公司可能未履行其在招股说明书中的募集资金用途，而是将投资款用于挥霍或变更使用用途。这一问题的解决需要通过资本市场监管政策的完善来解决。例如，对募集资金使用情况的说明、年度独立审计师对企业经营情况的审计报告等，均有利于抑制这种事后败德行为。

在企业经营者的前期选择和后期经营努力的观察上同样存在"逆向选择"和"道德风险"问题，其中招聘前由于招聘方与应聘者之间信息不对称性引发的"逆向选择"问题，可以通过要求应聘者出示相应的证明文件予以证实。而招聘后的"道德风险"则主要是通过建立各类监督管理机制来实现，例如，基于企业经营业绩的浮动薪酬制度，对经营者经营状况的内部和外部审计等措施。

（二）代理问题

自公司所有权与经营权分离以来就有了代理问题。代理问题主要源于利益双方在信息不对称时，对各自利益最大化的追求。一方面是投资者投资之前可能存在的"逆向选择"问题，例如，某些企业为了骗取上市资格，获取投资者的投资，可能存在利用关联方交易构造虚假盈利，通过低价关联方原料采购和高价关联方销售来包装业绩，同时通过转移不良资产甩掉企业的经营负担，达到短期内业绩迅速提升的假象。这将会导致投资者支付较高溢价来获取这些公司的股票。另一方面，上市后这种通过关联方交易支撑的虚假利润无法持续，并且关联方在上市前对上市公司的支持行为，也需要在上市后得到回报，这时的关联方交易可能就会变成对上市公司其他投资者的利益掠夺。大股东利用其信息优势，通过较为隐蔽的方式，将上市公司资金、利润转移出去，这又产生了投资后的"道德风险"。

在信息不对称的情形下，委托人与代理人既包括第一类代理问题，也包括第二类代理问题。第一类代理问题最早由伯勒和米斯（Berle & Means，1932）[21]提出，是指企业所有权与经营权分离导致管理者与所有者间的利益不一致性，这类代理问题在股权分散时尤为突出。而第二类代理问题是指当企业股权较为集中、存在大股东时，大股东与小股东之间的利益冲突（Shleifer & Vishny，1997[116]；La Porta et al.，1999[93]），此时，大股东可能借助其控股地位谋取私人利益，侵害中小股东利益。

伯勒和米斯（Berle & Means，1932）[21]认为两权分离会导致管理者与所有者利益的不一致，而詹森和麦克林（Jensen & Meckling，1976）[78]认为可以通过让管理者成为剩余权益的拥有者来减轻两者的利益不一致，与业绩挂钩的薪酬激励以及期权激励均基于此思想。对于第一类代理问题的相关研究已较为充分。第一类代理问题在美国和英国等股权分散程度较高的国家尤为突出，当企业股权过度分散时，由于每个股东均有"搭便车"心理，对于经理人员的监督变得难度较大，而大股东的存在可以较好地发挥对管理人员的监督职能（Shleifer & Vishny，1986[117]），随后的大量研究也均证实了该观点（Admati，Pfleiderer & Zechner，1994[2]；Maug，1998[104]；Kahn & Winton，1998[87]；Barclay & Holderness，1989[11]；Holderness，2003[67]）。尽管大股东的控股有其有利的一面，但是近期的研究同样也发现，当企业存在大股东时，大股东存在将企业资源转移的倾向，这样会导致在股权集中度较高的公司中，第一类代理问题由于较强的监控力度而变得不显著，而第二类代理问题即大股东与小股东之间的利益冲突反而更为突出（Shleifer & Vishny，1997[116]；La Porta et al.，1999[93]）。

对于亚洲国家，股权集中度高是一个显著的特点（Fan & Wong，2002）[49]，这使得大股东可以通过控股权产生的"堑壕效用"（entrenchment effect）① 来侵占小股东的权利。在我国这一问题尤为突出，在股权分置改革前，由于大股东多为非流通股，其持股收益无法通过二级市场出售得以实现，股票价格的涨跌无法影响大股东财富，导致大股东通过其他形式②从上市公司转移利益、损害中小股东权益的行为普遍存在。大股东与中小股东之间的利益冲突成为中国上市企业公司治理的突出问题。

（三）公司治理理论

公司治理是指公司所有者（股东）、董事会和管理层以及其他利益相关者之间的一套制度安排体系（陈汉文等，1999）[146]。公司治理主要是对代理问题的解决，而代理问题的核心在于信息不对称解决机制的建立和完善。信息不对称性的解决方法主要有两种，一种是签订契约，另外一种是通过有效的治理结构设置对各类行为进行监督和控制。由于契约的不完备性，公司治理是解决信息不对称性的重要途径。

根据经济合作与发展组织（OECD）推出的《公司治理原则》（2004 年修订版）对公司治理框架的定义，公司治理涵盖了六大方面，分别是股东权利、股权集中度、股东待遇的平等性、利益相关者的作用、信息披露与信息透明度、董事会职责和监事会职责。

常见的公司治理有三大类模式，分别是外部监控治理模式、内部监控治理模式和家族监控治理模式。其中外部监控治理模式的典型代表是美国公司治理

---

① "堑壕效用"指的是高持股导致持股人的地位非常牢固，对企业的价值增长产生负面影响（Claessens et al.，2002）[37]。

② 这些形式包括现金股利发放，合法或非法的关联方交易等行为。

模式，该模式主要依赖市场体系来实现有效的公司治理。该模式适用于股权分散、投资者（股东）活跃、股东权益保护机制完善的环境，其有效运行依赖于自由、透明、公开、流动性较强的市场环境（Perotti & Von Thadden，2003）[53]，这样的公司治理模式有助于降低资本成本以及提升市场效率，提高资源的分配效率。该模式下董事会中独立董事比例较大，有着成熟的职业经理人市场。但是该模式的缺点也很明显，由于所有权与经营权分离而引发的严重第一类代理问题（Hovey & Naughton，2007）[69]，以及由此引发的经营者对个人利益的过度追求导致股东利益损害。

内部监控治理模式下公司的股东、银行、内部经理人在公司治理中扮演着重要角色。该模式的代表是德国和日本的公司治理模式。这类治理模式下公司所有权较为集中，公司股份主要为银行、其他法人单位所持有，上市公司数量较少、公司收购活动不活跃（Franks & Mayer，2001）[53]。该模式的主要特点是采用董事会与监事会分立的两会制结构①，银行扮演着债权人和股东的双重身份，并且公司间交叉持股使得各企业间的业务联系紧密。该模式下公司的运营较为稳健，公司的投资者多为长期、了解公司情况的投资者，并且这些投资者一般会对管理者的决策行为产生影响，同时当企业处于困境时投资者给予企业的支持也较多（Edwards & Nibler，2000[47]；Gorton & Schmid，2000[58]）。但是这类模式也导致了企业运营受到的市场约束少、运行效率低、创新动力不足等问题（Stengel & Steven，1998[121]；Franks & Mayer，2001[53]）。

家族监控治理模式下公司大部分股权为少数家族所控制，所有权与经营权不分离，家族在公司治理中占据主导地位。这种治理模式在韩国、中国香港以及东南亚等国家和地区较为常见。该模式下，企业多是由受政府支持的家族式财团（chaebol）控制，股权结构较为复杂（La Porta et al.，1999）[93]。在经济发展的早期阶段，该模式有助于推动经济增长，该模式下企业在发展中享受到的政策优惠也较多。但该类型模式下，企业普遍存在决策家长化、职工关联家庭化、信息透明度低，以及过度追求市场占有率和为急速扩张规模而牺牲业绩等缺点（Hwang & Seo，2000）[74]，并且该模式下少数股东的利益在很多情况下被忽视。这些缺点也是导致1997年亚洲金融危机中东南亚经济受到重创的一个重要原因。

在我国，上市公司在形式上效仿美国模式，同时又吸收了德国与日本模式

---

① 在德国，监事会是在管理董事会之上，监事会的职责与普通意义上的董事会类似，法规规定职工代表必须进入监事会，且其所占席位应与股东持平。而监事会下设的管理董事会则是企业的实际经营管理机构，在监事会的监督指导下行使经营权。

中的监事会形式，已经在形式上建立了涵盖股东大会、董事会、监事会的治理结构，但实际的公司治理却始终未达到理想效果。例如，依照公司法的相关规定，上市公司董事会中独立董事占比 1/3 的目标已基本建立，78% 的上市公司独立董事中聘请了财务专家，32% 的公司设置了审计委员会（吴清华和王平心，2007）[244]，但是上市公司的治理水平始终较低，利益相关者在公司治理中的作用始终未得到体现（中国社会科学院，2009）[297]。上市公司按照规定均建立了相应的监事制度，但监事会的权力及其在公司治理中的作用却未得到发挥，甚至有不断弱化的趋势（中国社会科学院，2009）[297]。

我国上市公司治理存在的这些问题与上市公司股权高度集中（徐莉萍等，2006）[262]①、股权制衡度差（洪剑峭和薛皓，2009）[171]、股票流通性低（魏军锋，2004）[240]、政府对企业经营的干预性强（Berkman et al.，2010）[20]、机构投资者参与管理程度低、内部控制薄弱等问题均密切相关。在法律惩处机制尚未完善的情况下，企业实际控制人凌驾于公司治理之上，通过贷款担保、关联交易、非法资金占用、提高薪金（或在职消费）进行挥霍、设立子公司转移资金、资产变现等方式将上市公司的资金转移为其私人收益（朱红军和汪辉，2004）[303]等行为时有发生，这些问题的改善将是我国上市公司治理改革的必经之路。

二、关联方交易文献综述

有关关联交易的研究主要是从关联方交易的动因和后果两方面展开。

（一）关联方交易动因分析

有关关联方交易存在的原因有两种解释，一种认为关联方交易是为了提升经营效率，这类观点通常被称为"效率"观，而另一种更为常见的解释则认为关联方交易是为了实现利益的转移而产生，具体行为则包括"掏空"行为以及为了未来"掏空"而进行的暂时性"支持"行为，可称为"掏空观"和

---

① 我国上市公司股权较为集中是一个长期性的问题，也是很多问题的根源所在，据统计，2009年中国的百强上市公司中，77% 的公司前五大股东合计持股比例在 50% 以上。86% 的公司第一大股东为国有性质，第二大股东和第三大股东中国有股东也分别达到了样本公司总数的 32% 和 23%。正是由于股权集中导致了股权的低制衡性，而国有股份如此之高也是上市公司受政府干预较多的原因所在。

"支持观"。

　1. 关联方交易的"掏空观"与"支持观"

关联方交易的"掏空"概念最早来自约翰逊等（Johnson et al., 2000）[86] 的文章。在该文中"掏空"①（tunneling）被定义为大股东对上市公司资源的向外转移行为，他们发现大股东可以通过自我交易行为（self-transaction）实现对上市公司资源的外部转移，这些自我交易行为包括有利于大股东内部转移定价的销售行为、超额高管薪酬、贷款担保、对上市公司商业机会的侵占和夺取等合法行为，同时还包括诸如窃取、舞弊和占用等非法行为。他们通过对发达国家大股东掏空行为案例的分析后认为，判例法（common law）国家由于采取的是被告举证原则，对外部投资者的保护力度更大，而成文法（civil law）国家由于对法律规定的依存度高，并且对于利益冲突的证明证据要求高，这类国家大股东实施"掏空"行为的可能性更大。

关联方交易的"支持"（propping）概念则出自弗里德曼等（Friedman et al., 2003）[54] 的文章。他们发现，大股东除了存在通过关联方交易"掏空"上市公司的行为外，在某些情况下还存在对上市公司的"支持"行为。他们认为，由于预算软约束②的存在，发展中国家上市公司大股东在上市公司出现困难时，不是逃避债务而是通过追加投资来维持其未来对中小股东的剥削以及对上市公司收益的分享。所以，他们认为负债成为大股东支持上市公司的一种承诺，这也使得外部投资者拥有一种保障，愿意向上市公司提供资金，因为大股东会施以援手以避免企业破产。"支持"性的关联方交易一般包括关联方向上市公司提供担保、抵押以及注入资产、资金等行为。但是大股东的"支持"行为只能带来短期的业绩提升，该支持行为的背后往往存在着后期的利益返还现象（Jian & Wong, 2010）[82]。

　（1）有关"掏空观"的研究。

有关大股东通过关联方交易对上市公司进行"掏空"的研究，主要集中在对掏空行为多发的原因及其影响因素的考察。

在我国，上市公司大股东"掏空"行为频发成为阻碍我国资本市场健康发展的拦路虎，这一行为的猖獗与我国特殊的制度背景有着密不可分的关系，

---

　① 也有学者将Tunneling一词翻译为"隧道行为"或"利益输送"，基于我国学术界使用"掏空"一词较多，本书也沿用该表述。

　② "预算软约束"指为企业提供资金的金融机构没有能够坚持原有借款中的商业约定，而导致企业实际资金超过了其当期收益范围（平新乔，1998）[212]，也可理解为当企业达到了清算破产境界时未被清算而是被支持着继续存活。

大股东受限制的股权交易、股东间制衡权的缺乏以及薄弱的法律监管和惩处机制等均造成了大股东强烈的利益转移动机。陈晓和王琨（2005）[151]认为有五大动因导致我国上市公司关联方交易成为一个典型问题，它们分别是：大股东利用自身控股地位采取资产置换等手段"掏空"上市公司；为了取得配股资格或满足其他业绩包装的需要，上市公司与关联方合谋进行利润操纵；为了配合二级市场炒作，利用关联交易制造题材；利用关联交易转移利润，逃避税收；大股东利用上市公司担保获取银行贷款。可以看出这五个原因归纳起来均是大股东为了从上市公司转移利益实现私有收益最大化目的。

从股权结构和股票流通性来看，江等（Jiang et al.，2010）[83]发现大股东通过债务对少数股东利益侵占的现象严重。这种债务掏空行为的原因在于：一方面大股东股票的非流通性使其交易受到限制，"掏空"行为成为实现其私人控股收益的一个便捷途径。另一方面法律对于少数股东权利的保护力度较差，主要表现为缺少让少数股股东反对内部股东不良行为的机制、上市公司外部接管机制尚未建立、机构投资者的低持股比例制约了这类投资者在股价上的影响、证券监管机构的权利小以及执法力度弱等原因。

从公司治理结构角度来看，不完善的公司治理机制以及复杂的持股结构造成了巨大的代理成本（夏立军和方轶强，2005）[251]，引发了大股东的"掏空"行为。刘峰等（2004）[198]、贺建刚等（2008）[169]、孙晓玲和覃银月（2010）[220]均以五粮液的特殊公司治理结构为研究对象，考察了这一结构对实际控制人与上市公司关联方交易的影响，他们发现上市公司关联方交易盛行的原因在于公司制度安排使然。在五粮液上市公司特殊的控股结构和公司治理结构背景下，第一大股东宜宾国有资产经营公司在五粮液上市公司不占董事会席位①，实际控制人五粮液集团在上市公司并没有实际股份，但却与五粮液上市公司之间存在着大量的高管交叉任职现象。这使得五粮液集团无法通过分红获取利益，唯一的获利方式就是通过关联方交易将上市公司的利益转移。并且1998年五粮液上市时，五粮液股份就是对五粮液集团优质资产的剥离，其上市后自然需要通过不同的方式来回报五粮液集团。

除了公司治理水平和股权结构以及治理结构这些原因外，学者们还发现所

---

① 五粮液集团与宜宾国有资产经营公司同属宜宾市国资委，而五粮液股份为宜宾国有资产经营公司的控股子公司。但由于五粮液股份与五粮液集团是一个不可分割的产业整体，即使五粮液股份不归属于五粮液集团，其公司的运行与五粮液集团也密不可分，五粮液股份的销售、包装、物流均是由五粮液集团下属企业完成的。截至2010年底，五粮液股份年报披露的实际控制人仍为宜宾国有资产经营公司，其控股比例为56.07%，而五粮液集团高管在五粮液股份兼职的情况也并未扭转。

有权属性也是影响"掏空"动机的重要因素。不同所有权属性大股东"掏空"动机的强弱存在差异。但在这方面的研究结论尚不统一。黄志忠（2006）[175]认为与国有股东相比，社会法人股东具有更强的动机侵占上市公司资金。他认为，这是由于国有企业日常运营面临着更为严格的监控网络，并且作为大股东的政府的掏空动机也小于法人股东。而李增泉等（2004）[191]则发现集团控股类的第一大股东资金占用和净占用金额均显著大于控股公司控制类，国有控制第一大股东资金占用和净占用金均显著大于非国有控制。他们认为这是由于企业集团类的控股为股东掏空提供了隐蔽的渠道，集团内部形成的资本市场和要素市场，使得大股东的"掏空"行为成为可能。而国有企业普遍存在棘轮效应和预算软约束，以及国有企业上市中的剥离行为，使得国有大股东有强烈的动机从上市公司转移利润。

在影响大股东"掏空"动机的因素上，已有研究考察的角度主要包括：大股东持股比例、上市公司股权制衡度、大股东控制权与现金流权差异以及大股东的股票流通性。

针对大股东持股比例，已有研究发现大股东的"掏空"行为与其所持上市公司股份比例之间存在着非线性关系，当大股东持股比例较低时"掏空"现象严重，随着持股比例的上升，大股东"掏空"成本也随之上升，"掏空"程度在下降。最早发现该关系的研究为李增泉等（2004）[191]的文章，他们以上市公司大股东资金占用作为"掏空"代理变量，考察了所有权性质、大股东类型、控股比例以及股权制衡度与大股东"掏空"之间的关系，使用2000～2003年4 150个上市公司样本后，他们研究发现，大股东占用上市公司资金（"掏空"代理变量）与第一大股东持股比例之间存在先升后降的"倒U"形关系。第一大股东持股比例高于50%时，持股比例越高，大股东占用资金金额越少。李增泉等（2004）[191]发现的这种大股东持股比例与"掏空"行为的"倒U"形关系，在随后的研究中被进一步证实。例如，黄志忠（2006）[175]使用1998～2002年4 591个样本数据研究后发现，1998～2000年间第一大股东持股比例与资源侵占之间呈现出凸二次曲线的关系。佟岩和王化成（2007）[224]发现大股东持股比例低时利益侵占动机占上风，大股东的关联方交易多体现为调整利润、盈余管理等特征，并且这些行为会降低盈余质量。但当大股东持股比例高时，共享收益占主导地位，相应的关联方交易更多地体现为高效和便捷，提高了盈余质量。

除了大股东控制权比例不同对"掏空"程度产生影响外，大股东的控制权与现金流权的差异同样也会对"掏空"成本和动机产生影响。金和伊（Kim

& Yi，2005）[91]使用韩国数据发现，控制权与现金流权差异越大，大股东通过盈余管理来隐藏其自利行为的动机越强。他们的这一结论同样被中国学者使用A股数据所验证。蔡卫星和高明华（2010）[141]使用2007年A股市场1 258个样本，从终极股东的所有权、现金流权以及两权差异角度，以关联方交易作为利益侵占的度量指标，他们发现控制权越大，利益侵占水平越高，两权分离程度越高，利益侵占水平越高。

从上市公司股东间的股权制衡程度角度考察，学者们发现较高股权制衡度对"掏空"行为可以起到抑制作用，李增泉等（2004）[191]的研究就发现第2～5大股东的股权制衡能够对大股东掏空产生显著抑制作用。陈晓和王琨（2005）[151]同样也发现股权制衡有利于降低关联方交易的金额与发生概率，持股比例超过10%的股东数量越多越有利于降低关联方交易。

（2）有关"支持观"的研究。

在我国大股东除了通过关联方交易"掏空"上市公司外，还存在"支持"上市公司的行为。主要体现为大股东为上市公司注入资产，提供债务担保、免息或低息贷款等行为。

对于"支持"的原因，普遍观点认为"支持"是为了保壳和未来再融资，以便大股东未来的持续"掏空"行为。刘峰等（2004）[198]发现，"掏空"与"支持"存在一定的逻辑关系。大股东通过各种努力提升上市公司业绩，从而提高了上市公司的再融资效率，降低了监管者和社会舆论的关注，大股东再利用控股权将上市公司的现金或其他资源转移出利润。从而形成了"上市公司有业绩，大股东有现金"的双赢局面。张光荣和曾勇（2006）[280]以及简和王（Jian & Wong，2010）[82]也均认为大股东的支持行为存在利益返还现象，大股东的支持只能带来短期的业绩提升，支持行为是为了后期的掏空做准备。

王亮等（2010）[232]使用2002～2008年A股上市公司7 410个关联方交易观测值，对其中的2 247个大股东"支持"行为和1 144个"支持"后的"掏空"行为进行考察后发现，大股东对上市公司的"支持"行为不具有持续性，主要是为了"保壳"或配股再融资（作者称之为"制度因素驱动"），并且大股东的支持金额与支持动机（Incentive）之间显著正相关，大股东支持后往往伴随有明显的掏空行为，支持后的掏空行为与支持的强度之间显著正相关。他们还发现股改后大股东的支持行为有逐渐增多的趋势。

所以，"掏空"与"支持"行为并非相互独立出现，大股东出于自身利益最大化目的，会在不同的情境下选择不同的关联方交易策略。当上市公司处于困境面临退市危机，或上市公司为了满足再融资监管要求，大股东会通过"支持"性的关联方交易让上市公司短期内达到扭亏为盈或盈利性指标达到再融资要求。而当上市公司拥有充足的资金和可供掏空的资源时，大股东则会选择将利益转移出上市公司的"掏空"行为。

这种"掏空"与"支持"行为交替出现的情境可能更贴合现实。已有研究对此也予以了证实。柳建华等（2008）[205]考察我国上市公司 2002~2005 年 4 742 个样本中关联方投资与业绩之间的关系后发现，关联方投资与企业业绩之间的相关关系受到企业大股东控制权私利最大化收益的影响，当企业上一年实施了 IPO 或者 SOE（增发）时，EBIT（息税前利润）较高，这时的关联方投资更多的是一种资源向外转移，关联方投资与企业业绩负相关。而当上市公司的 ROE（权益净利润率）为负，或三年的 ROE 在 6%~8% 时，可能体现为一种利润的调节行为，关联方投资与业绩正相关。他们认为我国上市公司与大股东之间的关联方投资并没有增加企业的价值，无论哪种情境，其目的均是最大化其控制权私利。

同样，彭等（Peng et al., 2011）[109]的研究也发现中国上市公司的关联方交易可能是出于"掏空"动机也可能是出于"支持"动机，其中"掏空"主要源于上市公司股权过于集中，80% 的上市公司为国有企业，第一大股东的平均持股比例为 40%，这使得大股东的"掏空"行为无法得到制衡。并且股改之前 A 股 60% 的股份不可流通，上市公司大股东无法享受业绩增长带来的股价升值，只能通过"掏空"等其他手段获取利益。大股东对上市公司的"支持"行为则源于上市资源的稀缺，避免 ST 企业的退市以及为达到股票增发中对 ROE 指标最低限的规定。

2. 关联方交易的"效率观"

除了从利益转移角度来考察关联方交易的动因外，还有学者从节省交易成本、提升企业经营效率角度来对关联方交易的合理性予以解释。从科斯（Coase, 1937[38]，1960[39]）有关交易成本的论述可以看出，交易费用是达成企业运转各类契约所必须产生的成本，它涵盖了契约签订前的谈判、签约成本，以及契约签订后的监督、解决纠纷等成本。在关联方间发生的各类交易可以在保证各类契约得到有效执行的同时，省去了很多信息搜集和讨价还价的成本，降低了交易成本，提升了企业的经营效率。关联方之间由于彼此信息不对称程度低，交易中可能存在的违约风险也相应较低，所以关联方交易可以实现企业资源的优化配置，通过将交易内部化减轻了交易中的信息不对称性，降低了交易成本，解决了信息市场中的产权保护力度不足（Khanna & Palepu, 1997[90]，2000[106]）等问题。

在我国，关联方交易的存在也有其积极性和合理性，这与我国的制度背景有关。作为新兴市场经济体，我国市场信用低下，市场秩序问题突出，关联方间的交易使得信用上有保障。同时，关联方交易有利于解决上市公司面临的融资约束和资源瓶颈。再有，上市公司可以利用大股东的资金、人力资源以及渠道等方面的优势，开拓自己的发展渠道。并且在我国政府效率不高、法律保护力度不够的情况下，关联方交易可能是较好的一种选择（柳建华等，2008）[205]。在我国，很多上市公司是某一集团的某些资产剥离后实现的上市，这必然导致该上市实体与集团内的其他非上市实体以及母公司之间天然地存在着紧密的联系，而集团内的关联方交易可以节省企业重新在市场中搜寻交易对象可能引发的高交易成本（洪剑峭和薛皓，2009）[171]。

（二）关联方交易的后果分析

有关关联方交易后果的研究方向很多，鉴于本书主要研究的是关联方交易与股票流通性以及会计稳健性之间的关系，所以本综述对关联方交易后果的考察主要集中在经济后果和会计后果上。

1. 经济后果

对于关联方交易的经济后果，研究结论普遍较为一致，即关联方交易降低了资本市场资源配置的效率（Morck et al.，2000[106]；Wurgler，2000[131]），导致股票收益下降（张祥建等，2007）[286]，损害了公司价值（唐松等，2008）[222]。关联方交易的具体经济后果可以从企业业绩和市场估值两个角度来予以考察。

（1）企业业绩。

总体而言，众多研究发现关联方交易会对业绩产生负面影响，但是"掏空"和"支持"类的关联方交易对企业业绩的影响又有区别。

李增泉等（2005）[193]在考察1998～2001年416个关联方并购事件后发现，为了配股或避亏的并购行为能够在短期内提高会计业绩。从股票投资收益率角度来看，"掏空"并购行为的超额收益率在完成后的两年内一直为负，"支持"并购行为的超额收益率则是先升后降。从会计业绩角度来看，总体并购行为呈现出并购后一年的会计业绩比并购前一年的业绩高。"支持"性并购当年和并购后一年业绩持续提高，第二年有大幅下降，而"掏空"性并购在完成当年业绩时就有下降趋势。江等（Jiang et al.，2010）[82]发现关联方的资金占用是导致上市公司业绩变差的一个原因，在将关联方资金占用的当年定义为 t 年，考察经行业调整后的 ROA 后，他们发现 t－2 和 t－1 年的 ROA 不显著异于 0，而 t 年和 t＋1 以及 t＋2 年的 ROA 均显著低于同行业均值，从而证明是大股东通过关联方交易的"掏空"行为影响了上市公司业绩。

其他学者也分别从不同的角度发现了关联方交易对业绩的负面影响。例如，柳建华等（2008）[205] 发现关联方投资与企业业绩之间存在负相关关系，关联方投资并未增加企业价值，实际上是一种大股东转移上市公司利润的手段。周晓苏和张继袖（2008）[299] 同样也发现整体而言，关联方交易对业绩的影响是负面的。

（2）市场估值。

已有研究普遍发现"掏空"性关联方交易对上市公司市场价值会产生负面影响。张等（Cheung et al.，2006）[35] 发现在"掏空"类① 关联方交易发生时及其随后的 12 个月内，股东财富明显受损，且受损程度与大股东的控制程度显著相关，大股东持股比例越高，市场对上市公司宣告关联交易的负向反应越大。伯克曼等（Berkman et al.，2010）[22] 将关联方交易划分为对中小股东有利、对中小股东不利和对中小股东没有影响三个类别，他们发现 TobinQ 值大的公司的大股东侵占（不利关联方交易）金额少，他们认为这是由于投资者在考虑市场价值的时候会对大股东侵占行为予以折扣。江等（Jiang et al.，2010）[83] 同样发现高的"掏空"程度导致了低的企业市场估值和更高的被出具非标准审计意见的可能性。

2. 会计后果

关联方交易的会计后果主要体现为对会计信息质量的影响。较为一致的结论认为关联方交易降低了信息的透明度、歪曲了会计盈余数字，使得信息不对称性的增大（Bertrand et al.，2002）[22]，最终导致了会计信息质量的下降。

从国外研究来看，伯特兰等（Bertrand et al.，2002）[22] 使用印度 1989～1999 年 18 600 个观测值检测到，大股东利用内部资本市场输送利益的现象普遍存在，这种行为歪曲了企业的会计数据，降低了信息透明度，使外部投资者难以对企业的财务状况作出客观评价。

从国内研究来看，研究普遍发现关联方交易对会计信息质量产生了负面影响。例如，洪剑峭和薛皓（2009）[171] 借鉴理查德森（Richardson，2005）[113] 的应计可靠性模型，使用 A 股制造业 2002～2004 年样本考察了关联方应计的可靠性与股权制衡之间的关系，他们发现相对于非关联方应计而言，关联方应计

---

　　① 主要是资产购销和现金支付等关联方交易。

的可靠性更低，并且关联方应计可靠性较低主要是由于第一大股东阵营之间的关联方交易，第二大股东的股权制衡度能够有效提升上市公司与第一大股东阵营关联方应计的可靠性。王志伟（2010）[238]的研究发现出于机会主义目的的关联方交易，为了达到其盈余操控的目的，有动机去采用更不稳健性的会计政策。在使用1995~2005年11年数据考察会计稳健性与资金占用之间的关系后发现，会计稳健性与资金占用与否，以及资金占用的程度之间均显著负相关，从而得到了关联方交易导致更低会计稳健性的结论。

　　关联方交易与会计信息质量之间的关系还可能受到关联方交易的规模、类型以及关联方交易流向的影响。从关联方交易规模来看，当关联方交易在适度范围内时，可以增强上市公司交易风险的抵抗能力，体现关联方交易的"效率观"。但是随着关联方交易强度的增大，大股东通过关联方交易操纵盈余的能力增强，会导致会计信息价值相关性的降低（洪剑峭和方军雄，2005）[170]。而在关联方交易的类型上，可能只有特定的关联方交易会对会计盈余质量产生影响（Gordon et al.，2004）[57]。叶康涛（2006）[272]发现只有资金占用类的关联方交易降低了会计信息有用性，日常业务类的关联交易对会计信息有用性并未产生显著影响。

　　从关联方交易的方向来看，利益流入上市公司的关联方交易行为多是为了调整资本结构、投资以及扩大企业的规模，这样的关联交易有助于减少交易费用和提高效率，并且这类行为的稳定性高，有助于改善盈余的稳定性，提升盈余质量（佟岩和程小可，2007）[223]。而利益流出上市公司的关联方交易则可能会使上市公司出现大量应收大股东的应收项目或者应付大股东的巨额现金换取的不等值的有形或无形资产的款项，这些挂账项目并不能使上市公司获取足够的现金保障和可持续的盈利能力保障，所以无法提升盈余信息的质量（佟岩和程小可，2007）[223]。

三、会计稳健性文献综述

（一）会计稳健性概念、争议与认识

　　会计稳健性作为会计核算中的一项基本原则，已经存在了500多年（Ba-su，1997）[12]。会计稳健性可以理解为会计核算过程中对收入的确认标准要严于费用的确认标准（Basu，1997）[12]，也就是在会计核算中应该尽量采取不虚增利润和夸大所有者权益的核算方法（Hendriksen，1970）[66]。这种收入与费用确认中的非对称性标准，在学术界被称为"非对称及时性"，也就是会计稳健性（Watts，2003a）[128]。

对于会计稳健性，学术界普遍存在两种相反的观点。一种观点认为，会计稳健性是保护投资者与债权人，降低企业融资成本和减轻上市公司信息不对称性的较好的解决手段。另一种观点认为，会计稳健性使得会计信息丧失了其中立性，会对投资者产生误导，不利于投资者的决策有用性（万红波和王洋，2010）[225]。对于会计稳健性的看法，西方理论界与准则制定者之间存在严重分歧，美国的 FASB 和国际准则制定机构在其文件中均表达了对稳健性会计原则的非中立性可能对决策产生有偏影响的担忧，并有取消会计稳健性的倾向，公允价值计量方式的逐渐采用事实上就是对会计稳健性的弱化。

本书研究所持的观点与会计理论界对会计稳健性所持的普遍看法一致，即虽然稳健的会计核算体系中会计信息存在有偏性，但这种对"坏消息"反映及时性高于"好消息"的属性，有利于保护处于信息劣势地位的债权人、股票投资者和企业外部供应商等依赖于企业会计信息进行决策的利益相关者（夏冬林和朱松，2008）[249]。这也是为什么在 2000 年之后，随着网络股泡沫破灭、各类造假被频繁披露后众多学者投身于会计稳健性研究，呼唤会计稳健性的原因所在。

（二）会计稳健性的影响因素

早期会计稳健性的影响因素主要关注的是债务契约，瓦茨（Watts，2003a）[128]将会计稳健性与契约之间的关系扩展到了债务契约之外，从多个角度解释了会计稳健性的存在原因。他将稳健性定义为"收益与损失确认的有差别或非对称标准"，即对收益确认标准的可验证性高于损失。他认为可以从四个方面解释会计稳健性的存在原因，分别是契约因素（债务契约、管理层薪酬契约、股权投资契约）、法律责任因素、所得税因素和监管机构因素。这些解释中会计稳健性均起到了减少企业高估收益，降低损失未来确认的可能性。其后学者们沿着这一理论框架展开了探索，已有关于会计稳健性影响因素的研究主要集中在契约、公司治理、法律体制这三个方面。

1. 契约与稳健性

契约动因是早期学者较为关注的一个方面，且相应的研究也较为充分。对于契约已有研究主要从债务契约、薪酬契约两个角度予以考察。

（1）债务契约与会计稳健性。

由于公司债权人有着非对称性支付特征（asymmetric payoff），即如果公司盈利债权人仅能得到债务的账面价值而无法获得其他增值，如果公司亏损或破产清算，债权人也仅能得到有限的债务保护。所以债权人需要定期评估公司有没有足够的净资产来偿还到期债务，他们评估时基于的是本期企业资产、负债以及盈利信息，要评估企业未来能否有足够的净资产偿还债务。由于未来的不确定性，债权人评估时会选择更为稳健的会计核算方式下产生的财务数据。对于公司的股利发放，债权人也希望公司采用更为稳健的会计政策来计算未分配利润，这样可以保护债权人利益，防止公司实际净资产小于账面净资产，避免债权人利益受到侵蚀。在债务决策中使用净资产评估值的低限就是一种稳健性的考虑。在企业清算中，清算人所采用的也是稳健的会计政策，如对那些无形资产的价值评估为零的做法。所以稳健的会计政策保护了债权人对企业剩余价值的索取权（Ahmed et al.，2002）[5]。

我国有关债务契约与会计稳健性的研究是学界最早也是关注最多的一个会计稳健性研究领域，这与我国上市公司普遍存在预算软约束有关。但是与之相关的研究结论并不一致。孙铮等（2005）[221]发现债务比重高的企业的稳健性显著地高于债务比重低的企业，而对于国家控股企业，这种债务对会计稳健性的要求则较为不显著。王毅春和孙林岩（2006）[236]使用2004年上市公司数据同样也发现负债比率越高的企业的会计稳健性越高。当企业贷款比例较低时，由于国有企业与国有银行之间的冲突可以在政府最终控制人那里得到内部消化，所以对国有企业的会计稳健性的要求较低，但是两类不同所有权企业在稳健性方面的差异，会随着贷款比例升高导致的银行关注度的增强而逐渐消失。夏和朱（Xia & Zhu，2009）[132]也发现负债水平越高稳健性越高。他们认为稳健的会计政策有助于保护债权人，限制企业的负债率、限制投资和限制股利发放（Zhang，2008）[136]，并且稳健的会计政策不仅有助于使债权人能够对可能存在的风险通过财务报告及时发现，还有助于债务人建立良好的声誉和降低融资成本（Zhang，2008）[136]。

陈等（Chen et al.，2010）[33]使用中国上市公司2001~2006年5 433个样本数据，考察了银行所有权属性对会计稳健性的影响。他们发现西方理论所认为的银行借款人同质性的假设在中国并不成立，在中国，国有银行具有广泛的社会职能、代理职能和政治职能，导致其对会计稳健性的需求并不强，尤其是银行对国有企业会计稳健性的需求更低，这与国有企业的预算软约束、政策压力巨大和国有企业的旗帜性和示范作用有关。他们发现中国上市公司中各年的贷款融资远大于权益性融资，并且大部分款项来源于国有商业银行。企业从国有商业银行的贷款比例越高，会计稳健性越低，外资银行的借款比例越高，会计稳健性越高，这可能是源于外资银行对中国企业的信息处理能力不强，所需要的信息更"硬"有关，而从政策性银行借款的企业的会计稳健性小于从商业银行借款的企业。

（2）薪酬契约与会计稳健性。

企业高管人员的薪酬基于企业盈利指标，由于高管人员掌握的信息较多，他们可能利用不恰当的估值技术高估某一新项目的未来现金流量，使其本期从公司获取的报酬增多，但如果高管在这些现金流实现之前就已经离开了公司，其行为实际上会导致企业投资净现金流量变为负数。所以，高管收入与其实际行为结果间存在不对称性，有限任期和有限责任将导致薪酬过度支付的不可追偿性，而稳健性的会计度量方法，通过提高未来现金流入确认标准，使薪酬支付得以延迟，从而保护了企业价值不受损失（Watts，2003a）[128]。

有关薪酬契约与会计稳健性的研究国外只有为数不多的几篇研究成果，国内相关研究也仍然较少。国外研究中艾扬格和赞佩利（Iyengar & Zampelli，2010）[77]考察了会计稳健性对薪酬——业绩敏感性的影响，他们发现会计稳健性越高的企业由于对好消息确认标准高于对坏消息确认标准，所以盈余质量更高，相应地薪酬与业绩的敏感性更高。马和马丁（Ma & Martin，2010）[103]则发现会计稳健性能够减轻 CEO 薪酬激励导致的风险偏好的负面影响，并且会计稳健性在抑制薪酬激励的负面影响中的作用，会随着企业杠杆的提升而增强。在我国，江伟（2007）[177]使用 2002~2004 年混合样本数据发现，出现"坏消息"时管理层薪酬对业绩的敏感性比出现"好消息"时强，从而首次证明了在我国上市公司中存在薪酬契约对会计稳健性的需求，他发现这种需求会随着大股东持股比例的提升而减弱，因为大股东控制权的增强使其可以通过私下交流而降低信息不对称性，从而减弱了对会计稳健性的需求。温章林（2010）[241]则考察了管理层持股与会计稳健性的关系，在考察了 2005~2008 年混合样本数据后，他发现管理层持股比例与会计稳健性之间负相关，他认为这与管理层持股比提升之后的"堑壕效用"有关。

2. 公司治理与会计稳健性

从企业股东角度而言，他们拥有"企业清算的选择权"（abandonment option），而清算价值会影响企业的本期价值，清算价值又与企业稳健性的运用有关，所以稳健性会影响企业的本期价值。稳健的会计政策有助于股东获取更为可靠的企业净资产价值信息，从而在清算与继续经营之间作出选择。所以股东对于稳健性的会计政策有其需求动机，但是由于上市公司股权结构的复杂性、股权性质的多样性以及治理结构的不同，使得会计稳健性受到股权结构、股权性质和治理结构三方面的影响。

（1）股权结构。

国外研究普遍认为股权集中度高的企业会计稳健性相对较低。布什曼等（Bushman et al.，2004）[26] 发现所有权集中度与会计稳健性负相关。拉丰（LaFond，2005）[95] 发现所有权分散企业的财务报告更稳健，而所有权集中的企业则更不稳健，他们认为这是由于以私下沟通作为信息传递机制的治理系统降低了对稳健会计信息的需求。

在我国，上市公司股权集中度过高是长期存在的突出问题，有关股权集中度与会计稳健性的关系，普遍存在集中度过高导致的会计稳健性下降这一问题，但不同于西方学者的解释，我国学者普遍认为这与大股东借助控股优势进行的利益转移等行为导致了会计稳健性下降有关。曹宇等（2005）[142] 使用1997～2001 年数据，研究了大股东控制权强弱对会计稳健性的影响，发现大股东的控制权越强，上市公司的会计稳健性越弱。他们认为这与大股东控制公司后控制权与现金流权差异导致的强烈掏空动机有关。通过降低会计稳健性，可以将企业的盈余报告信息按照有利于大股东的方式予以披露。修宗峰（2008）[260] 发现股权集中度高的企业会计稳健性差，而股权制衡度高的企业会计稳健性较高，他认为这与大股东的掏空行为需要掩盖有关，这些行为会对会计稳健性产生负面影响，较高的股权制衡度能够抑制大股东的掏空行为，所以此时的会计信息质量也较高。

（2）股权性质。

有关股权性质与会计稳健性的研究主要为国内学者所关注。由于我国上市公司股权类型较为广泛，不同股权类型股东的利益实现方式和行为动机存在显著差异，这必然会对上市公司的会计信息处理过程产生差异化影响。

朱茶芬和李志文（2008）[301] 发现由于国有企业的代理链条更长和所有者缺位，当业绩较差时，内部人为了保住自己的职位，对会计信息的操控行为会增加，从而导致会计稳健性的下降。而对于国有企业的负债，由于地方政府对银行经营的干预，使得银行没有动力也没有能力对国有公司实施有效监督。同时由于国有企业受到的政治干预更多，政府的干预会抑制相关坏消息的披露，降低企业的会计稳健性，导致会计信息质量下降。其他学者如刘凤委和汪扬（2006）[201]、陈旭东和黄登仕（2007）[152] 也均发现国有控股性质与低的会计稳健性存在正相关关系。但是夏和朱（Xia & Zhu，2009）[132]采用应计制会计稳健性研究方法后却得出了相反的结论，他们发现国有企业的会计稳健性更高，他们认为由于非国有企业的融资难度大，所以为了融资其对盈余操控的动机更强，而稳健性的会计政策会导致对盈余的低估，所以国有企业的会计稳健性高于非国有企业。并且由于非国有企业面临的政治压力和监管较少，再加上法制不健全、违规成本低，所以这类企业的稳健性更低。因此，有关股权性质对会计稳健性的影响需要使用更长的样本期和更为可靠的会计稳健性度量方法进行考察。

（3）治理结构。

国外研究普遍表明公司治理水平越高，会计稳健性相应越高。比克斯等（Beekes et al.，2004）[17]发现外部董事比例高会导致坏消息报告更加及时。阿麦德和杜尔曼（Ahmed & Duellman，2007）[4]发现董事会中内部董事数量与会计稳健性负相关，外部董事数量与会计稳健性正相关。拉瑞（Lara et al.，2009）[96]研究了公司治理与会计稳健性的关系后发现，好的公司治理能帮助企业实现较高水平的会计稳健性，但是反过来会计稳健性并不能够影响公司治理。他们认为好的公司治理一般使用主观性应计来更加及时地向企业的投资者报告坏消息。罗伯和周（Lobo & Zhou，2006）[101]同样也发现旨在提升公司治理水平的萨班斯－奥克斯利（SOX）法案颁布后，美国上市公司的会计稳健性得到了显著提升。

尽管有关公司治理与会计稳健性的国外研究普遍认为良好的公司治理结构会导致企业更为稳健的会计核算和报告政策。但在我国，很多上市公司从表面上看建立了较为完善的内部治理结构，但这些公司内部治理的效果却并不好，有关学者的研究成果之间也存在分歧。夏和朱（Xia & Zhu，2009）[132]的研究发现独立董事比例与会计稳健性显著负相关，而内部董事比例（经理兼任董事）与会计稳健性也存在负相关性。他们认为尽管理论上公司董事会的监管力度越高，会计稳健性应该越强，而内部董事会降低监管的力度，导致稳健性下降。但在中国独立董事的治理作用似乎并没有得到体现，作者认为这与独立董事的"花瓶"作用有关。较高的独立董事比例反而会给管理层或大股东提供更多操控盈余信息的机会。刘凤委和汪扬（2006）[201]也同样发现独立董事不能提高会计稳健性。而陈胜蓝和魏明海（2007）[160]、赵德武等（2008）[292]、王鹏等（2010）[234]则发现独立董事的监督对企业会计稳健性有正面促进作用，这种研究结论的差异可能与学者的样本时间跨度不同以及会计稳健性计量方法的差异有关。

3. 法律制度与会计稳健性

布什曼和皮奥特洛斯基（Bushmanan & Piotroski, 2006）[28]研究了法制以及政治体制对会计稳健性的影响，他们发现，一国的法律体制、政治体制会对公司管理人员、企业投资人、监管人员以及市场参与者的行为产生影响，这些影响最终会体现在企业报告的会计数字中。他们发现，对投资者保护力度较大的国家以及司法体系效率和公平性较高的国家，公司对损失确认的及时性要求的影响更大。而执法力度强的国家的样本公司在盈余中对好消息的确认速度慢于法律执行力度弱的国家的样本公司，这与瓦茨（Watts, 2003）[128]的关注自身利益的监管机构利润高估时要比低估时更加容易处于不利地位的观点相一致。惠更斯和卢本瑞克（Huijgen & Lubberink, 2005）[73]发现英国在美国交叉上市的公司比没有在美国交叉上市公司的稳健性高，他们认为这是由于美国有着更高的诉讼风险，这一结果部分印证了布什曼和皮奥特洛斯基（Bushmanan & Piotroski, 2006）[28]对法律体制和诉讼压力及会计稳健性关系的推断。当高估净资产面临的诉讼压力更大时（Beaver, 1993[15]；Watts, 1993[127]），将导致企业的审计师和管理层有动机来低估企业的净资产以减轻其可能承受的风险。

毛新述和戴德明（2008）[209]通过分析认为，在我国会计稳健性的主要需求是由于以盈余为基础的监管和评价制度导致的对会计稳健性原则的强化，国外的契约、税收、诉讼和管制因素在我国并不强烈。他们认为在公允价值盛行的时期，会计稳健性是解决信息不对称、约束管理人员自利行为的重要措施。其后续的研究发现我国的四次会计改革中，1998 年和 2001 年均使得会计稳健性上升，盈余管理程度有所抑制，但是 2006 年的会计改革使得会计稳健性下降，盈余管理程度上升（毛新述和戴德明, 2009）[210]。

（三） 会计稳健性的经济后果

有关会计稳健性的经济后果本书主要是从抑制过度投资、降低信息不对称性和降低资本成本三个方面予以考察。

1. 抑制过度投资

稳健的会计政策能从事前和事后两方面减少股东和管理层的过度投资倾向，从而减少了债务契约中的资产替代行为，保护了债权人的权益。马和马丁（Ma & Martin, 2010）[103]研究发现稳健的会计政策有利于降低 CEO 的风险偏好动机（risk-taking incentives），缓和了企业与债权人之间的委托代理矛盾。

他们认为虽然股票期权和管理层持股有助于减轻股东—经理人之间的冲突，但是基于权益的激励方式会加重股东与债权人之间的冲突，期权将经理人财富与公司捆绑会增加他们的风险偏好，而这种风险偏好会加重公司股东与债权人之间的冲突。引入会计稳健性，同时又不减弱 CEO 的风险偏好动机，则可以使其避免 NPV 为负的项目（Francis & Martin，2010）[52]，这样无论股东还是债权人都将受益。在稳健的会计程序下（对损失确认更加及时），一个高风险的项目期望的未来现金流量的波动性也会较大，这也代表了未来失败的可能性较大，由于稳健的会计核算体系下要求高风险项目的损失更为及时地披露，这将会影响到他们的声誉和薪酬，他们就不会倾向于选择风险过高的项目。同时作者也认为由于稳健的会计核算体系下对损失确认得更加及时，会导致企业高管在计算项目 NPV 时，对于收入所采取的折现率要高于损失的折现率，这样高管们就会倾向于选择更为安全的项目。

徐华新等（2009）[261]使用 2000～2006 年数据考察了会计稳健性对过度投资的抑制作用，他们发现当企业面临过度投资时，外部利益相关者会通过提高会计稳健性来减少过度投资的危害，但这些稳健性对过度投资的抑制作用在国有企业中却有所减弱。同时他们还发现在制度环境较差的地区，通过会计稳健性对过度投资约束的要求也较高。卡恩和瓦茨（Khan & Watts，2009）[88]同样也认为当企业的投资周期越长，非系统性风险越高，以及信息不对称性越高时，会计稳健性越高。

2. 降低信息不对称性

拉丰和瓦茨（LaFond & Watts，2008）[94]认为公司内部人与外部投资者间的信息不对称性导致了财务会计报告的稳健性，稳健性有助于减轻高管操控盈余的动机和能力，同时也减轻了信息不对称性，稳健的会计核算能够增加企业及投资人的价值。在控制了其他方面对会计稳健性的要求后，他们发现信息不对称性与会计稳健性之间显著正相关。他们还发现权益投资者间信息不对称性的变化会导致企业会计稳健性的变化，上一年信息不对称性的变化与年报盈余中所反映的好消息的程度负相关，即由于信息不对称性的增强，使得好消息在未来的可验证性变差。而可验证性的变差，会导致该消息被确认入账的可能性随之降低，也就会使得会计的稳健性变高。

池和王（Chi & Wang，2010）[36]使用中国台湾地区的数据对拉丰和瓦茨（LaFond & Watts，2008）[94]的结论进行了检验，他们发现会计稳健性的信息角色在中国台湾地区的市场仍然适用，会计稳健性有助于解决由于利益相关者信息不对称而导致的道德风险，能够减轻信息的不对称性。

3. 降低资本成本

阿麦德等（Ahmed et al.，2002）[5]发现会计稳健性与更低的债务成本相关，会计稳健性对于减轻债券持有人和股东之间的冲突及降低企业的债务成本有着重要作用。张（Zhang，2008）[136]发现贷款人为更稳健的借款人提供更低利率的贷款。威滕伯格 – 摩尔曼（Wittenberg – Moerman，2008）[130]发现买卖差价与更高的信息不对称性正相关，借款人的会计稳健性降低了其对应的贷款交易的买卖差价，稳健的财务报告降低了与债务协议相关的信息成本，并提高了二级市场交易的效率。赫尔和雷兹（Hail & Leuz，2009）[62]发现稳健性有助于降低企业特定的无法分散的信息风险，并因此降低了权益资本成本。拉瑞等（Lara et al.，2011）[97]发现稳健性显示出了与事前资本成本之间呈显著负相关关系。

四、全流通文献综述

有关全流通的已有研究主要是从全流通过程中的市场反应及其影响、全流通过程中非流通股对流通股股东的补偿水平及其影响因素，以及全流通的经济后果三个方面予以阐述。本书主要关注的是全流通的经济后果，对于前两类研究只做简要概述①。

我国股票市场的全流通是对上市公司早期股权分置现象的改进，在我国早期资本市场建设中，为了维持计划经济向市场经济过渡中社会和经济的稳定，以及维护国家对某些重点领域的控制权，国有企业上市后②，国家仍直接或间接控制着大量股份③（Jiang et al.，2009[84]；Huang et al.，2011[72]），并且这些股份无法在二级市场流通，这使得通过二级市场资本流通来达到股权制衡、增加公众持股对公司的监督、完善公司治理结构的目的无法实现④。大量的中

---

① 详细内容可参考本书作者的工作论文《股权分置改革研究评述》一文，http：//www. cfrn. com. cn/getPaper. do？ id =3189。

② 包括对国有企业的公司化改革，以及国有企业的股份制改革。

③ 霍维（Hovey，2005）[70]显示，股权分置改革前国家控制了 83. 8% 的上市公司，占所有上市公司股份的 58. 25%。余等（Yu et al.，2007）显示 77% 的上市公司的大股东是政府或其附属机构。

④ 刘煜辉和熊鹏（2005）[204]认为股权分置严重割裂了一二级市场的正常套利机制，正常情况下一级市场高的发行价会吸引资金进入一级市场，同时会吸引更多的企业上市，这样是有利于抑制二级市场股票价格的溢价。但在中国，一二级市场完全被割断，流通股的分红权和投票权基本无法实现，只能通过股票的买卖来实现收益，这使得二级市场泡沫严重。

外实证研究表明国有控股与企业业绩之间显著负相关（Che & Qian，1998[32]；Sun & Tong，2003[123]）。

为了消除股权分置的消极影响，在经历了两次将非流通股转为流通股的失败尝试后①，2005 年在国务院方针②指导下，我国证监会推行了新一轮的股权分置改革方案③。该办法较以往措施有了更大的可操作性，赋予了流通股股东在股改方案表决中较大的话语权④。在 2005 年 5~8 月两批试点改革公司股改方案顺利通过后⑤，股权分置改革从 2005 年 9 月开始在所有 A 股上市公司中全面分批推行（Hovey & Naughton，2007[69]；Jiang et al.，2009[84]）。在股改中，原非流通股股东需要向流通股股东支付一定的对价作为补偿，以弥补全流通下流通股股东可能面临的股价下跌而导致的财富损失，这一对价的支付水平受到股改公司的股权结构（吴德胜等，2008[242]；Zeng et al.，2011[135]；Firth et al.，2010[51]）、公司治理水平（辛宇和徐莉萍，2007[258]；郑志刚等，2007[296]）、历史盈利性（Yeh et al.，2009[134]；Li et al.，2011[99]）等因素的影响。同时，为了防止股权分置改革后大量非流通股票涌入，对资本市场造成巨大的价格冲击，各公司的股改方案中均按照证监会的相关规定，制定了非流通股股票逐步流通的计划⑥。在股权分置改革实施后，中国资本市场逐步进入了全流通时代。

全流通的经济后果可以从股权结构、公司治理、高管激励三个角度予以考察。

（一）全流通与股权结构

股改前，我国 A 股市场流通股比例普遍偏低，由于大股东无法在二级市

---

① 1999 年 9 月有两家上市公司被选为国有股减持试点公司，但是减持计划公布后，该试点企业的股价在 15 天内极力下挫了 40%。2001 年 6 月 6 日国务院发布《减持国有股筹集社会保障资金管理暂行办法》，拟出售国有股权以注资社保基金，但该暂行办法出台后，沪指由 2 240 点跌至 1 500 点，2001 年 10 月 22 日宣布暂时停止国有股减持。
② 国发 3 号《国务院关于推进资本市场改革开放和稳定发展的若干意见》。
③ 包括证监发 32 号《关于上市公司股权分置改革试点有关问题的通知》，证监发 42 号《关于做好第二批上市公司股权分置改革试点工作有关问题的通知》和证监发 86 号《上市公司股权分置改革管理办法》。
④ 股权分置改革方案通过必须由超过参与投票的流通股股东 2/3 以上同意方可通过。
⑤ 第一批股改试点企业为 4 家，第二批股改试点企业为 42 家。两批试点企业中除"清华同方"股改方案在 2005 年 6 月 10 日的股东大会表决中未通过外，其他 45 家试点公司股改方案均通过。
⑥ 证监会相关规定为：股权分置改革方案实施之日起的 12 个月内所有非流通股股份均不允许上市交易或转让，经过 1 年的禁售期后，持有上市公司股份数量 5% 以上的原非流通股股东，在解禁后的 12 个月内出售量不得超过 5%，在解禁后的 24 个月内出售量不得超过 10%。

场上售出股票获利，较高的非流通股比例导致大股东转移上市公司利润的动机强烈（吴世农，2005）[245]，大股东与小股东之间利益冲突问题突出。大股东通过资金侵占、关联方交易、担保贷款等方式掏空上市公司的现象层出不穷（吴晓求，2006）[248]，并且大量非流通股的存在使得流通股股价无法真实反映企业业绩，股价被严重扭曲（魏军锋，2004）[240]。

股权分置改革的直接作用就是将非流通股变得逐渐可以流通，从2005年股改开始实施以来，沪深两市的流通股比例均有了大幅提升。上市公司原有较为集中的股权结构随着二级市场交易将变得逐渐分散，各股东之间的股权制衡度将得到提升。更为分散的股权将使上市公司受到更多监督，股改前大股东对上市公司的利益侵占行为也将得到遏制，公司决策行为将变得更加符合市场化原则（吴晓求，2006）[248]。

但应注意，股改后原非流通股股东的减持行为虽然会导致上市公司股权更加分散，股权制衡度得到提升，但是由于中小股东行使其制衡权的难度较大，要让股权制衡的效果真正得到体现，还需要上市公司持股比例较高的大股东之间的股权制衡度提升。股改中对不同非流通股持股比例规定了不同的禁售期限，持股比例高的非流通股的禁售期更长，股改后低持股比例股东最先解禁和减持，这会造成短期内上市公司大股东间的股权制衡度并不会提升，甚至还可能出现暂时减弱的趋势。所以股改后的一段时间内，股权制衡的效果可能还无法立即得以体现（李瑞等，2011）[183]。

虽然股改后大股东股票可以通过二级市场出售获利，但代表现金流权的所有权比例降低也会导致上市公司最终控制人控制权与现金流权差异的进一步扩大。徐莉萍等（2006）[262]指出大股东现金流权较大时，其对上市公司掏空的边际成本较高。股改前由于大股东所持股票的不可流通性，现金流权较高，在一定程度上抑制了大股东对上市公司的利益侵占行为。股改后随着第一大股东的减持，大股东的现金流权逐渐降低，侵占上市公司的收益上升、侵占动机增强（俞红海和徐龙炳，2010）[277]。所以，虽然股改后股权制衡度的提升以及股东利益与股价的更加密切化，会在一定程度上抑制大股东的掏空行为，但是现金流权降低导致的掏空动机上升值得关注。并且由于国有控股和私人控股的持股目的不同，国有大股东对股价的敏感性要弱于私人大股东，股改后控制权与现金流权差异导致的掏空动机增强在国有最终控股上市公司中可能会更加显著（李瑞等，2011）[183]。

同时，全流通后大股东掏空行为的下降与其利益实现方式的改变，可能同样存在隐患。张祥建和郭岚（2008）[285]发现虽然全流通后大股东的"资产注入"行为显著增多,但无论是"资产注入"还是"隧道行为"均是大股东对中小股东剥削的途径。"资产注入"本质上是为了救活处于财务困境的企业,以期今后能从公司获得更多的隐性收益。并且他们认为"资产注入"中存在大量虚假注资,该行为在宏观层面上,扰乱了证券市场的资本配置功能,在微观层面上,导致资金流入并不拥有良好投资机会的公司,造成了资源的闲置和浪费。并且这一行为更多的是在为大股东服务,增加了大股东的财富而减少了中小股东的财富。所以全流通后,大股东对上市公司的大量的支持(propping)行为,可能是一种新的利益抽取行为,并且更加隐蔽和暴力。通过对上市公司进行的资产、资金等支持,短期内使上市公司业绩提升,推高股价,再伺机出售股份,大股东大量减持,随后企业业绩下降,这本身仍然没有脱离大股东操纵业绩的范畴,与曾大量存在的掏空行为本质上是一样的。

(二) 全流通与公司治理结构

公司治理结构作为一系列制度安排,是解决上市公司第一类代理问题和第二类代理问题的有效机制(白重恩等,2005)[139]。不同于西方国家,我国上市公司中第二类代理问题更为突出。股改前上市公司股权集中程度很高,第一大股东持股比例远高于其控制所需比例,这虽然有利于对公司管理层的有效控制和监督、降低了公司的第一类代理问题,但同时也导致第二类代理问题更加凸显。通过第一大股东的绝对股权优势,大股东对董事会、监事会和管理层有着绝对的控制权,其旨在攫取上市公司利益的"隧道行为"无法通过行之有效的公司治理安排得以遏制和制衡。而持股比例普遍较低的流通股股东既没有参与公司治理的动机也没有对企业进行监督的能力(Xu & Wang, 1999)[133]。股改后随着企业股权的进一步分散,投资者对企业的监督力度会显著增强,投资者利益也将需要更为有效的公司治理结构来进行维护。并且持股权分散化对上市公司信息披露也将有更高的要求,这也需要更为有效的公司治理结构予以支持。

廖理等(2008)[194]通过构建公司治理指数,比较了2006年底已完成股权分置改革和尚未实施股改公司的公司治理水平后发现,股改公司的公司治理水平有显著提升。他们认为这是由于股改使得非流通股股东与流通股股东利益趋同,股改后大股东更加关心和支持上市公司,也更加关注上市公司的长期发展。廖理和张学勇(2008)[195]在考察2005~2006年完成股改的家族类上市公司财务数据后发现,股改使得上市公司过度负债水平显著下降,股改后家族控制对上市公司的掏空程度明显下降，他们认为这是由于股改后公司治理水平的提升，使得家族终极控制人利益取向回归到上市公司价值本身而带来的积极效果。

但是，仍然有一些学者对于股改后的公司治理表达出了担忧。股改完成后，非流通大股东在股票解禁后会自然地成为股市中的"庄家"，股改使其可以直接通过二级市场售出股票变现。这使得全流通下的大股东有动机和能力借助其信息优势进行不易被察觉的内幕交易。股权分置改革之前大股东通过"掏空行为"获取私人收益的做法在全流通后会有所转变，大股东谋取私人利益的形式可能会变得更加多元化（张育军，2006）[288]，在缺乏制约的情况下，这将会导致上市公司的治理水平下降。并且，全流通后由于大股东利益与股价之间的关系变得更加密切，以及其对企业信息的天然优势，机构投资者有可能会拉拢上市公司大股东和高管，与其结成利益联盟，通过盈余管理或信息操控，结合二级市场的交易以操纵股价，利用资金和信息优势牟取暴利（张育军，2006）[288]。如若存在这种情况，股改后上市公司的公司治理水平就会不升反降。

第三章

大股东行为影响会计
信息质量的实证检验

本章是在第二章文献综述的基础上对关联方交易与会计信息之间的关系进行探讨。在分别探讨了关联方交易和会计稳健性时间序列变化的基础上，对关联方交易与会计信息质量之间的关系进行了理论分析和实证检验。

一、关联方交易

（一）关联方交易的基本概念

《企业会计准则第 36 号——关联方交易》对关联方交易的定义为，"关联方之间发生转移资源或义务的事项，而不论是否收到价款"。关联方交易的基本概念可以分别从关联方关系、关联方交易类型和关联方交易方向三个方面予以阐述。

1. 关联方关系

关联方的认定是关联方交易考察的基础，关联方一般分为关联法人和关联自然人。关联法人包括以下六种情形[①]：

（1）直接或者间接控制上市公司的法人或其他组织。

（2）由上述第（1）项所列主体直接或者间接控制的除公司及其控股子公司以外的法人或其他组织。

（3）由第（2）项中所列公司的关联自然人直接或者间接控制的，或者由

---

① 该分类来自《企业会计准则 36 号——关联方披露》的相关规定。

关联自然人担任董事、高级管理人员的除公司及其控股子公司以外的法人或其他组织。

（4）持有公司5%以上股份的法人或其他组织。

（5）根据实质重于形式原则认定的其他与上市公司有特殊关系，可能导致上市公司利益对其倾斜的法人或其他组织，包括持有对上市公司具有重要影响的控股子公司10%以上股份的法人或其他组织等。

（6）公司与第（2）项所列主体受同一国有资产管理机构控制的，不因此而形成关联关系，但该主体的法定代表人、总经理或者半数以上的董事兼任上市公司董事、监事或者高级管理人员的除外。

关联自然人则包括以下五种情形：

（1）直接或间接持有上市公司5%以上股份的自然人。

（2）上市公司董事、监事和高级管理人员。

（3）直接或者间接控制公司的法人或组织的董事、监事和高级管理人员。

（4）第（1）项和第（2）项所述人士的关系密切的家庭成员。

（5）根据实质重于形式原则认定的其他与上市公司有特殊关系，可能导致上市公司利益对其倾斜的自然人，包括持有对上市公司具有重要影响的控股子公司10%以上股份的自然人等。

2. 关联方交易的类型

上市公司与关联方之间的交易类型主要有以下十一种：

（1）购买或销售商品。这是最常见的关联方交易，可能以低于或高于正常的价格在企业之间销售，从而导致关联企业之间风险和报酬的转移。

（2）购买或销售商品以外的其他资产。例如，固定资产和原材料，半成品的关联购销等。

（3）提供或接受劳务。例如，企业为其关联企业提供咨询和技术服务等。

（4）担保和抵押。担保和抵押主要是指在借贷和大额的交易合同当中，为了保证关联企业债权债务关系的实现而提供担保或抵押。

（5）提供资金（贷款或权益性投资）。提供资金是指对关联企业的实物或货币贷款以及对关联企业的权益性投资。

（6）租赁。关联企业之间的租赁和一般企业之间的租赁一样，包括经营性租赁和融资性租赁两种。

（7）代理。代理是指按照合同或协议的规定，为对方提供代理服务。例如，代理采购原材料或代理销售商品等。

（8）研究与开发项目的转移。当企业之间存在关联关系的时候，有时某一企业所研究或开发的项目会由于一方的要求而放弃或转移给关联企业。

（9）许可协议。许可协议是指关联企业之间通过合同或协议的约定，承诺给关联企业某种许可，如使用自身的品牌等。

（10）债权债务类关联方交易。代表企业或由企业代表另一方进行债务结算。这类关联交易是在关联企业之间转移义务，实现关联企业之间的风险转移。

（11）除以上关联方交易外，还包括关联方之间的赠与、债务重组、非货币性交易、关联双方共同投资，以及其他应当属于关联交易的事项。

3. 关联方交易方向

关联方交易方向，是指关联方交易发生时上市公司所处的地位，当上市公司为交易的提供方时，上市公司处于卖方地位，例如，上市公司向关联方出售商品、提供服务、出售股权、转让资产、提供担保、借出款项等事项。当上市公司为交易的接受方时，上市公司处于买方地位，例如，上市公司从关联方处购入商品、接受劳务、租赁资产、购入股权、接受贷款或担保等事项。

（二）我国 A 股上市公司关联方交易的基本情况

1. 大股东与小股东关联方交易基本情况

在考察关联方交易与会计稳健性的关系之前，本书首先对我国 A 股上市公司关联方交易和会计稳健性的基本情况进行考察。分析中所使用的关联方交易数据来源于 CSMAR 的关联方交易数据库，由于我国 1997 年才出台了有关关联方交易披露的相关法律文件，该数据库也是从 1997 年开始统计关联方交易数据，所以本书关联方交易样本的时间跨度为 1997～2010 年的 14 年数据。

在考察中对于涉及外币类的关联方交易，外管局披露中间价的，依据外管局的人民币汇率中间价 12 个月的均值计算得出。外管局没有单独披露该货币与人民币兑换率的，根据外管局披露的各种货币对美元折算率的时间序列数据，通过各年 12 个月份的折算均值得出年度该币种对美元的折算均值，再根据该均值与美元对人民币的年折算均值计算出该外币与人民币的折算汇率。对于 2001 年及之前数据中缺少汇率信息的，按照 2002 年汇率数据计算。对关联方交易金额使用年末总资产去规模化。剔除关联方交易金额小于 0 的数据。对关联方交易金额 99% 分位数以外的数据做

winsorize（缩尾）① 处理。

我国资本市场早期股权结构的特殊性，使得上市公司大股东的股份无法在二级市场上流通，并且由于大部分企业上市中存在优质资产剥离上市行为，控股母公司为了使上市公司达到 IPO 条件，动用母公司内部的各种优质资源支持上市公司。而上市公司在其成功上市后，同样需要对母公司在上市过程中的各种支持给予回报。关联方交易是大股东在 IPO 前支持上市公司，以及 IPO 后从上市公司获取上市收益的一个主要渠道（柳建华等，2008）[205]，这导致了我国上市公司关联方交易猖獗，且非公允性关联方交易多发，已经成为阻碍资本市场发展的巨大障碍。同时大股东股权不流通导致的股权高度集中，在法律法规仍不健全的情况下，其他股东对于大股东的这种利益侵占行为无法行使其应有的制衡权，大股东的非公允关联方交易行为无法得到有效监督制衡，公司治理结构的制衡效果也无法得到发挥。

从表 3 - 1 可以清楚地发现，在 1997 ~ 2010 年上市公司发生的所有关联方交易中，与大股东之间发生关联方交易的频率超过所有关联方交易的一半以上。所以本书将后续关联方研究的重点放在上市公司与大股东（上市公司母公司以及受母公司控制的子公司）之间的关联方交易行为。在后述行文中若不做特殊说明，所考察的关联方交易均指上市公司与大股东之间的关联方交易。

表 3 - 1　　　　　　　　1997 ~ 2010 年上市公司关联方交易发生情况
统计表（大股东 VS 其他关联方）

年度	大股东		其他关联方		所有关联方交易
	关联方交易频率（次）(1)	比例（%）(1)/(3)	关联方交易频率（次）(2)	比例（%）(2)/(3)	总频率（次）(3) = (1) + (2)
1997	1 235	51. 48	1 164	48. 52	2 399
1998	2 007	54. 39	1 683	45. 61	3 690
1999	2 867	54. 45	2 398	45. 55	5 265
2000	3 257	55. 33	2 629	44. 67	5 886
2001	5 211	56. 55	4 004	43. 45	9 215

① Winsor 在 1940 年提出的以一种平衡的方式对样本的极限值进行处理，这也是后来称之为 Winsorize 的样本处理方法。Dixon 和 Yuen（1969）[44] 比较了 Winsorize（缩尾）方法与 Trim（删减）方法，他们发现 Winsorize 处理后的均值比 Trim 处理后的均值有效性更高。在国内外实证研究中 Winsorize 是经常被使用的数据极值处理方式。

年度	大股东		其他关联方		所有关联方交易
	关联方交易 频率（次）(1)	比例（%） (1)/(3)	关联方交易 频率（次）(2)	比例（%） (2)/(3)	总频率（次） (3) = (1) + (2)
2002	6 027	57.24	4 503	42.76	10 530
2003	6 744	58.18	4 848	41.82	11 592
2004	9 760	60.58	6 352	39.42	16 112
2005	10 716	61.10	6 823	38.90	17 539
2006	11 900	59.18	8 208	40.82	20 108
2007	12 968	58.33	9 264	41.67	22 232
2008	14 847	55.32	11 992	44.68	26 839
2009	18 027	56.21	14 046	43.79	32 073
2010	21 677	57.17	16 242	42.83	37 919

注：此处上市公司与大股东间的关联方交易包括了上市公司与其母公司（大股东），以及与上市公司同受该母公司（大股东）控制的其他企业，下同。

2. 关联方交易的发生频率与规模

通过表3-2可以看出，大股东与上市公司之间年平均关联方交易频率呈显著单调上升的趋势，2010年发生关联交易的上市公司的平均发生频率是1997年的3倍。这一方面说明A股上市公司关联方交易的频率在逐渐增加，另一方面也可能与我国逐渐趋严的关联方交易披露制度有关，很多以前未披露的关联方交易在以后年度被逐渐披露出来。从关联方交易发生的规模来看，1997年关联方交易的金额占上市公司总资产的15.73%，之后的各年中关联方交易的规模逐渐上升，从2007年开始关联方交易的平均规模超过了上市公司年末资产的20%，并在之后的年度保持在该水平附近。

表3-2　　　　　上市公司与大股东之间关联方交易发生频率统计表

年度	上市公司 总数	发生关联方交易 的上市公司数量	占比（%）*	平均金额	平均发生 频率
1997	720	301	41.81	0.1573	4.1030
1998	825	405	49.09	0.1639	4.9556
1999	922	524	56.83	0.1579	5.4714

续表

年度	上市公司总数	发生关联方交易的上市公司数量	占比（%）*	平均金额	平均发生频率*
2000	1 060	560	52.83	0.1474	5.8161
2001	1 140	735	64.47	0.1545	7.0898
2002	1 213	759	62.57	0.1612	7.9407
2003	1 277	769	60.22	0.1711	8.7698
2004	1 363	1 013	74.32	0.1905	9.6347
2005	1 358	1 039	76.51	0.1949	10.3138
2006	1 411	1 110	78.67	0.1966	10.7207
2007	1 527	1 190	77.93	0.2062	10.8975
2008	1 612	1 257	77.98	0.2131	11.8115
2009	1 678	1 355	80.75	0.2081	13.3041
2010	2 041	1 549	75.89	0.1988	13.9942

注：各年上市公司的数量是根据中国证监会披露各年年末 A 股上市公司数量和中国证监会发布的各年《证券期货统计年鉴》填列。

占比 = 当年发生关联方交易的上市公司数量/当年上市公司总数

平均发生概率 = 年发生频率/发生关联方交易的上市公司数量

3. 关联方交易的业务类型

在对关联方交易类型的分析中，本书根据关联方交易的经济实质，将前述的关联方交易类型进行了重新划分。分为日常商业交易类关联方交易（RPTC）、产权类关联方交易（RPTP）、资金债务交易类关联方交易（RPTF）、担保抵押类关联方交易（RPTG）。其中日常商业交易类（RPTC）关联方交易包括：商品交易类、提供或接受劳务类、代理与委托类、租赁类、许可协议类和研究与开发成果类等 7 类关联方交易。产权类（RPTP）关联方交易包括：资产交易类、托管经营类、非货币性交易、股权交易、合作项目。资金债务类（RPTF）关联方交易包括：资金交易类和债权债务交易类关联方交易。由于担保与抵押类（RPTG）在关联方交易中的特殊地位，本书将其单独进行考察。本书这样划分的目的，是尽量将大股东与上市公司之间的各类关联方交易能够统计到各个分类中，从而便于后文的各类考察。

从表 3-3 关联方交易发生的规模来看，日常商业类关联方交易（RPTC）的均值在各年关联方交易总额中所占比例呈现出直线下降趋势，从 1997 年日常商业交易类关联方交易占据了所有关联方交易规模的 70.34%，下降为 2010

年的 33.42%。担保抵押类交易（RPTG）的规模在关联方交易总额中所占比例则呈现出逐年上升趋势，从 1997 年只占所有关联方交易规模的 5.65%，上升为 2010 年的 37.62%，有六倍多的增长。产权类关联方交易（RTPP）的规模在 14 年中呈现出"U 型"结构，从 1997 年占总体关联方交易规模的 10.12%，逐步下降为 2000 年的 4.36%，之后又开始上升，并在 2003 年又基本恢复到 1997 年的规模水平（9.67%），2004 年与 2005 年有所下降，在 2006 年之后又显著提升，并在 2007 年达到 15.26%，在 2008 年下降到 9.27% 后又显著提升，并在 2010 年达到 14 年中的最大值。资金债务类关联方交易（RPTF）的规模在这 14 年中同样也呈现出不断波动的趋势，整体而言，1997 年开始逐渐下降，从 1997 年的 13.45% 逐步下降为 2003 年的最低值 5.9%，之后又逐渐上升，并在 2009 年达到最大值 21.71%，但在 2010 年又下降为 11.63%。

表 3-3　　　　　　　　　四类关联方交易发生的规模与频率统计表

年度	日常商业类关联方交易 RPTC		产权类 RPTP		资金债务类 RPTF		担保抵押类 RPTG	
	均值	平均频率	均值	平均频率	均值	平均频率	均值	平均频率
1997	0.1106	2.9701	0.0159	0.5449	0.0211	0.3887	0.0089	0.1694
百分比*	70.34%	72.39%	10.12%	13.28%	13.45%	9.47%	5.65%	4.13%
1998	0.1206	3.7235	0.0142	0.5951	0.0156	0.4173	0.0132	0.2074
百分比	73.59%	75.14%	8.67%	12.01%	9.53%	8.42%	8.06%	4.19%
1999	0.1082	4.0076	0.0096	0.5611	0.0187	0.4885	0.0210	0.4046
百分比	68.53%	73.25%	6.09%	10.25%	11.83%	8.93%	13.29%	7.39%
2000	0.1079	4.6661	0.0064	0.3750	0.0104	0.3786	0.0217	0.3714
百分比	73.23%	80.23%	4.36%	6.45%	7.03%	6.51%	14.73%	6.39%
2001	0.0933	5.3401	0.0082	0.4395	0.0146	0.4830	0.0380	0.8150
百分比	60.43%	75.32%	5.33%	6.20%	9.46%	6.81%	24.62%	11.49%
2002	0.0950	6.1238	0.0082	0.4848	0.0139	0.5020	0.0431	0.8103
百分比	58.92%	77.12%	5.12%	6.11%	8.62%	6.32%	26.72%	10.20%
2003	0.0891	6.6697	0.0165	0.5852	0.0101	0.5020	0.0546	0.9896
百分比	52.10%	76.05%	9.67%	6.67%	5.90%	5.72%	31.92%	11.28%
2004	0.0893	7.0879	0.0168	0.5943	0.0141	0.6051	0.0700	1.3208

年度	日常商业类关联方交易 RPTC		产权类 RPTP		资金债务类 RPTF		担保抵押类 RPTG	
	均值	平均频率	均值	平均频率	均值	平均频率	均值	平均频率
百分比	46.86%	73.57%	8.83%	6.17%	7.41%	6.28%	36.76%	13.71%
2005	0.0884	7.4013	0.0149	0.5852	0.0129	0.4581	0.0762	1.7652
百分比	45.37%	71.76%	7.63%	5.67%	6.60%	4.44%	39.12%	17.11%
2006	0.0839	7.3171	0.0245	0.9901	0.0189	0.5378	0.0685	1.8234
百分比	42.66%	68.25%	12.46%	9.24%	9.64%	5.02%	34.86%	17.01%
2007	0.0932	7.6185	0.0315	0.7672	0.0141	0.5714	0.0664	1.8647
百分比	45.20%	69.91%	15.26%	7.04%	6.86%	5.24%	32.19%	17.11%
2008	0.0908	8.1527	0.0197	0.6150	0.0364	0.8910	0.0647	2.0764
百分比	42.61%	69.02%	9.27%	5.21%	17.06%	7.54%	30.35%	17.58%
2009	0.0693	8.4192	0.0252	0.8708	0.0452	1.0332	0.0677	2.9159
百分比	33.29%	63.28%	12.10%	6.55%	21.71%	7.77%	32.52%	21.92%
2010	0.0664	8.7398	0.0337	1.0930	0.0231	0.9755	0.0748	3.1388
百分比	33.42%	62.45%	16.98%	7.81%	11.63%	6.97%	37.62%	22.43%

＊注：关联方交易发生金额均值的百分比为各类关联方交易年均值与表 3 - 2 中关联方交易各年总均值的比例。

关联方交易发生频率的百分比为各类关联方交易年平均发生频率与表 3 - 2 中关联方交易各年总平均均值的比例。

本书对关联方交易的四大类划分并未包含所有关联方交易，还有关键管理人员报酬、其他事项等未计入，故四项关联方交易的比例合计数小于 100% 。

虽然日常商业类关联方交易的规模在这 14 年中有显著下降趋势，但该类关联方交易的发生频率在关联方交易总发生频率中的下降幅度并不是很大，14 年中总体只下降了 10 个百分点。而担保抵押类关联方交易，不仅规模在这 14 年中大幅增加，其各年发生频率也显著增加，该类关联方交易各年平均发生频率占各年关联方交易发生频率的比例从 1997 年的 4.13% 上升到 2010 年的 22.43% ，上升幅度超过 5 倍。而产权类和资金债务类关联方交易的各年平均发生频率占各年关联方交易总频率比例总体上呈现出下降的趋势。

二、会计稳健性

（一）会计稳健性的基本概念

会计信息质量可以用会计稳健性来表示，作为会计核算的一项原则，对企业的收入和费用入账标准区别对待，收入的入账条件要比费用的入账条件严格，这样可以使企业的盈余不会被过于乐观估计，从而造成对盈余一种向下有偏估计（Watts，2003a）[128]。比弗和瑞安（Beaver & Rayn，2005）[14]将会计稳健性细分为无条件稳健性（Uconditional Conservatism）和条件稳健性（Conditional Conservatism），他们认为无条件稳健性主要源于会计制度的相关规定（如各国 GAPP），体现为企业权益倾向于低报的趋势，所以无条件会计稳健性又被称为事前稳健性或资产负债表稳健性。而条件稳健性主要源于企业对好消息（收入）和坏消息（费用）确认所需信息标准的非对称性，所以条件会计稳健性又被称为事后稳健性或利润表稳健性。已有会计稳健性研究多集中在条件稳健性，这与条件稳健性受到的各类主观影响较多，可以作为各类行为后果的检验变量有关。本研究同样关注的是条件会计稳健性，后文中的相关研究也均是围绕条件稳健性展开。

条件稳健性的"损失确认及时性"特点有利于向契约各方更早揭示风险，因而能够增进债务契约、报酬契约和公司治理的有效性，使得会计稳健性成为一项重要的会计信息质量特征（Ball & Shivakumar，2005）[10]。巴苏（Basu，1997）[12]在其有关会计稳健性的开创性研究中指出，会计稳健性在企业契约方的契约约束中起着重要的事前作用。稳健的会计政策有助于避免企业高管利用其私人信息隐瞒对其薪酬计划不利的信息。瓦茨（Watts，2003a）[128]认为对于企业高管人员，他们的薪酬是基于企业盈利指标，由于高管人员掌握的信息较多，他们可能会利用不恰当的估值技术，高估某一新项目的未来现金流量，使其本期从公司获取的报酬增多，在这一新项目现金流实际实现之前，这些已领取薪酬的高管可能已经离开了公司。所以他认为必须要保证高管的薪酬计算所基于的利润是有着更好的可验证性。而会计稳健性的好处在于可以防止企业的净资产和累计盈余被高估，防止某些不当分配减少公司价值。

从信息不对称角度来看，稳健的会计核算政策有利于缓解股东与管理层、大股东与中小股东之间的信息不对称性，有助于及早发现对企业发展不利的因素。拉丰和瓦茨（LaFond & Watts，2008）[94]认为，公司内部人与外部投资者间的信息不对称性导致了财务会计报告的稳健性，稳健的会计核算能够增加企业及投资人的价值。在控制了其他方面对会计稳健性的要求后，他们发现信息不对称性与会计稳健性之间显著正相关。他们还发现权益投资者间信息不对称性的变化会导致企业会计稳健性的变化。卡恩和瓦茨（Khan & Watts，2009）[88]发现的公司治理水平与会计稳健性的负相关关系也证明了拉丰和瓦茨（LaFond & Watts，2008）[94]所指出的会计稳健性与信息不对称性之间的正相关关系①。

（二）　我国 A 股上市公司会计稳健性的基本情况

要考察会计稳健性，就需要选取恰当的度量方法。目前有两大类会计稳健性度量方法，分别是使用会计指标和市场指标度量。其中使用会计指标度量的典型方式是吉弗里和海恩（Givoly & Hyan，2000）[55]提出的应计度量法，而使用市场指标度量的典型模式是巴苏（Basu，1997）[12]提出的盈余—收益模型（一般称为 Basu 模型），以及卡恩和瓦茨（Khan & Watts，2009）[88]在 Basu（1997）[12]模型基础上构建的 CScore 模型。这三种度量方法在国内外会计稳健性的相关研究中被大量使用（邱月华和曲晓辉，2009[214]；Xia & Zhu[213]，2009[132]；周晓苏和杨忠海，2010[298]；Shuto & Takada，2010[118]）。巴苏（Basu，1997）[12]模型虽然在已有会计稳健性研究中被大量使用，但是该模型无法度量出单个公司的年度会计稳健性，并且在稳健性度量中对影响会计稳健性的各类因素没有予以考虑。而 CScore 通过将与契约、诉讼、监管等相关的三类因素引入 Basu 模型，计算得出的会计稳健性更为全面，并且 CScore 模型可以度量出各个样本公司的年度会计稳健性，便于以会计稳健性为依托进行更为深入的研究。

基于以上原因，本书选取 CScore 模型度量出的会计稳健性指标作为后续研究中会计稳健性的代理变量。

1. CScore 模型简介

该模型为卡恩和瓦茨（Khan & Watts，2009）[88]提出的对 Basu 模型的改进模型，该模型是对瓦茨（Watts，2003a）[128]提出的影响稳健性四因素（契约、

---

① 公司治理水平低时信息不对称性高，此时为了应对信息不对称，利益相关者有动机要求企业采取更为稳健的会计核算方法和报告体系。

诉讼、所得税、监管）的量化体现。该方法通过考察与会计稳健性四因素有关的三个主要变量（企业规模 – Size，市值账面比 – MB 和负债程度 – Lev），刻画出影响横截面会计稳健性的因素，使得各个公司的年度会计稳健性变得可以度量和比较。该方法一经推出，在中外有关会计稳健性的研究中被大量使用，如贝蒂等（Beatty et al.，2008）、徐华新等（2009）、孙刚（2010）、比德尔等（Biddle et al.，2011）、吴和李（Goh & Li，2011）等。

在企业规模方面，企业规模越大越为成熟，所处的信息环境更为透明（更多报道，更多分析师关注），这可以减少信息的不对称性（Easley et al.，2002），由于会计信息不对称性引发的稳健性需求会降低。并且大企业对盈余的操控能力更大，可以在其各个部门、业务模块之间进行操作，从而降低其当期税负，相应的所得税对稳健性的需求会降低。同时大企业面临的诉讼压力较大，诉讼对稳健性的要求也较高。

在市值账面比方面，MB 高的公司增长机会大，而增长机会又与信息不对称性正相关（Smith & Watts，1992），会计稳健性又是解决信息不对称性的一个有效治理机制（Watts，2003a）。并且高 MB 公司的股票收益波动性也较高，会导致其诉讼风险较大，这也会使其对稳健性的要求较高。

从负债角度看，高负债企业债权人与股东之间的代理问题严重，如股东的过度分红、资产的替换、投资不足、权益稀释等，这导致债权人对稳健性的需求较高。高负债企业的诉讼风险高，对稳健性的要求高。并且高负债企业更为成熟，应纳税所得额高，所得税对稳健性的需求高（Kahn & Watts，2009）。

CScore 的具体度量是：首先使用年度横截面数据，求出公式（1）的回归系数，然后分别根据公式（2）和公式（3）计算出好消息的及时性（GScore）和坏消息的增量及时性（CScore），坏消息的及时性则是 GScore 与 CScore 之和。CScore 的值代表了各个公司的会计稳健性指标，该指标可用于各个公司之间稳健性的比较。模型中 EPS 为每股收益，P 为期初股价，RET 为股票年度回报率，Size 为企业规模，MB 为市值账面比，Lev 为负债水平，D 为虚拟变量，RET 为负时 D 为 1，否则为 0。

$$
\begin{aligned}
EPS_{it}/P_{it-1} = {} & \beta_1 + \beta_2 D_{it} + RET_{it} \times (\mu_1 + \mu_2 Size_{it} + \mu_3 MB_{it} + \mu_4 Lev_{it}) + \\
& D_i \times RET_{it} \times (\lambda_1 + \lambda_2 Size_{it} + \lambda_3 MB_{it} + \lambda_4 Lev_{it}) + \\
& (\delta_1 + Size1_{it} + \delta_2 MB_{it} + \delta_3 Lev_{it} + \delta_4 D_{it} Size_{it} + \\
& \delta_5 D_{it} MB_{it} + \delta_5 D_{it} Lev_{it}) + \varepsilon_{it} \qquad (1)
\end{aligned}
$$

$$
GScore_{it} = \mu_1 + \mu_2 Size_{it} + \mu_3 MB_{it} + \mu_4 Lev1_{it} \qquad (2)
$$

$$
CScore_{it} = \lambda_1 + \lambda_2 Size_{it} + \lambda_3 MB_{it} + \lambda_4 Lev1_{it} \qquad (3)
$$

2. 模型度量所需的数据

CScore 模型的关键在于对权益市场价值的计算，由于 2005 年以前我国股票市场存在股权分置现象，上市公司大部分股份为非流通股，没有对应的市场价值。所以，本书对于权益市值的计算采用了两种方法，一种是使用流通股市值加非流通股净资产的方法，其中流通股市值使用年末流通股数量乘以年末股价，非流通股市值使用净资产替代（该方法计算的市场价值为 MV1）。另一种方法则是直接使用流通股价来计算（该方法计算的市场价值为 MV2）。RET 为股票年回报率，使用报告年度 5 月至次年 4 月股票月回报率计算的年度回报率并经同期市场回报率调整后的指标。D 为虚拟变量，RET 为负时 D 为 1，否则为 0。为了保持去规模化的一致性，Size 为年末权益市场价值自然对数，Lev 为年末负债总额与权益市场价值的比值。对于两类市值标准计算的稳健性系数分别定义为 CScore1 和 CScore2。

由于 CSMAR 公司治理结构数据库中上市公司股本结构只有 1999 年及以后的数据，所以 1999 年以前的每股净资产、股票的市值等来自 CSMAR 财务指标数据库中的股东获利能力指标数据信息。1999 年以前企业非流通股股数没有直接数据，只能根据 CSMAR 各年股票投资收益数据库中年末股价和年末流通股市值和所有股票市值倒算[①]得出。对于 EPS、MB、Size 和 Lev 在 1% 和 99% 分位数以外的数据进行 Winsorize（缩尾）处理，以避免极限值对结果的影响。

3. 会计稳健性的时间序列特征

从表 3 - 4 可以看出样本整体呈现出显著的会计稳健性，在 1997 ~ 2010 年的 14 年间，除 2006 年会计稳健性为负外，其余年度均存在显著为正的会计稳健性，但是各年的稳健性系数存在较大波动。从整体变化趋势来看，1997 年样本公司就已具有显著的会计稳健性，在 1998 年达到 0.0222，随后又开始下降，并在 2000 年降到 0.0025，但之后又呈现出上升趋势，并在 2004 年达到 14 年中的最高值。从 2005 年开始有所下降，在 2006 年变为负值，随后的 2007 年又有所上升，但 2006 年以后各年会计稳健性水平显著低于 2006 年之前的会计稳健性，可以看出股改开始后，以及新会计准则颁布后，上市公司的会计稳健性存在整体下降的趋势。

---

① 年末非流通股股数 =（年末股票市值 - 年末流通股市值）/年末股价

表 3 - 4　　CScore 模型计量的会计稳健性时间序列特征统计表

Panel A：CScore1 - 股票市值计算中非流通股价值按照净资产价值计算

CScore1	全样本			亏损公司			盈利公司		
年份	均值	t值	样本量	均值	t值	样本量	均值	t值	样本量
1997	0.0080***	9.6599	569	0.0164***	2.4154	40	0.0181***	9.3454	529
1998	0.0222***	9.4427	800	0.0825***	7.6281	78	0.0157***	7.1357	722
1999	0.0155***	72.1400	886	0.0249***	16.1955	71	0.0158***	83.3080	815
2000	0.0035***	4.4248	1 002	-0.0140***	-5.0882	76	0.0039***	7.0461	926
2001	0.0528***	65.0918	1 057	0.0747***	27.0197	128	0.0498***	62.8727	929
2002	0.1277***	47.4289	1 139	0.1952***	21.9792	145	0.1178***	44.2792	994
2003	0.0932***	28.1918	1 205	0.1856***	19.9281	134	0.0816***	24.2174	1 071
2004	0.280***	61.6204	1 288	0.4171***	34.3039	156	0.2613***	56.5201	1 132
2005	0.1334***	40.0040	1 076	0.2072***	28.4442	186	0.1180***	33.5015	890
2006	-0.0016***	-10.8750	1 205	0.0002	0.2413	110	-0.0018***	-13.0045	1 095
2007	0.0494***	40.8533	1 297	0.0664***	9.3803	77	0.0483***	40.2772	1 220
2008	0.0394**	21.4332	1 457	0.0153***	12.3744	211	0.0084***	18.1678	1 246
2009	0.0044***	6.8467	1 540	0.0296***	8.5145	162	0.0015***	2.6907	1 378
2010	0.0197**	41.2362	1 754	0.0332***	13.7148	93	0.0190***	39.5130	1 661
混合样本	0.0632***	72.9198	16 275	0.1142***	31.8290	1 667	0.0541***	66.8646	14 608

续表

Panel B: CScore2 - 股票市值计算中非流通股价值按照流通股股价计算

CScore2 年份	全样本 均值	t值	样本量	亏损公司 均值	t值	样本量	盈利公司 均值	t值	样本量
1997	0.0170***	10.9805	569	0.0166***	2.9811	40	0.0170***	10.5611	529
1998	0.0250***	10.0877	800	0.0811***	6.8189	78	0.0190***	8.1604	722
1999	0.0171***	40.3889	886	0.0333***	16.7272	71	0.0156***	40.3578	815
2000	0.0016***	2.4647	1 002	-0.0139***	-4.3196	76	0.0029***	4.4437	926
2001	0.0538***	26.8343	1 057	0.0983***	19.2854	128	0.0476***	22.7774	929
2002	0.1306***	41.9309	1 139	0.2079***	20.5662	145	0.1194***	38.5643	994
2003	0.0956***	27.0514	1 205	0.1954***	20.7331	134	0.0831***	22.9459	1 071
2004	0.2767***	55.7412	1 288	0.4180***	35.6261	156	0.2572***	49.9341	1 132
2005	0.1468***	42.4975	1 076	0.2223***	31.0669	186	0.1311***	35.5288	890
2006	-0.0003***	-2.6395	1 205	0.0005	1.1774	110	-0.0004***	-3.1483	1 095
2007	0.0474***	40.8474	1 297	0.0639***	9.8023	77	0.0463***	40.0518	1 220
2008	0.0067***	14.8032	1 457	0.0155***	13.7561	211	0.0052***	10.8145	1 246
2009	0.0022***	3.3223	1 540	0.0265***	7.2655	162	-0.0007	-1.2497	1 378
2010	0.0208***	34.8669	1 754	0.0413***	11.5411	93	0.0197***	33.5962	1 661
混合样本	0.0610***	70.2554	16 275	0.1201***	32.7740	1 667	0.0542***	63.4769	14 608

该变化趋势与其他学者对我国会计稳健性的时间序列特性的考察结果一致。陈旭东和黄登仕（2006）[153]认为2001~2003年我国上市公司会计稳健性增强的原因在于证券市场监管和处罚力度增强，以及注册会计师事务所的脱钩改制。曲晓辉和邱月华（2007）[214]发现由于制度变迁，我国上市公司会计稳健性具有逐渐升高的趋势，并在2001年之后具有稳定的会计稳健性。毛新述和戴德明（2009）[210]发现在我国已有的四次会计改革中，2001年的会计改革中对减值准备等政策的全面推行促进了上市公司会计稳健性的提高，但2007年开始实施的新会计准则中对公允价值的运用则削弱了稳健性原则的运用。本书计算CScore系数模型控制行业①因素后上述结论仍然不变。

有学者认为我国上市公司的会计稳健性是源于亏损公司的盈余操控行为（李远鹏和李若山，2005[188]；曲晓辉和邱月华，2007[214]；王军会，2009[229]；邱月华和曲晓辉，2009[214]），由于亏损公司"洗大澡"时向下进行盈余管理的行为导致了表面的会计稳健性。但同时也有学者发现即使剔除了利润操控因素后，我国上市公司仍然存在真实的会计稳健性（毛新述和戴德明，2009[210]；肖成民和吕长江，2010）。表3-4中将样本进一步细分为亏损公司和盈利公司，结果显示，无论亏损样本还是盈利样本的会计稳健性均呈现出与全样本类似的变化趋势。总体而言，两类公司均存在显著的会计稳健性，但亏损公司的会计稳健性指标大于盈利公司。

4. 会计稳健性的行业特征

由于不同行业的诉讼风险不同，有学者发现不同行业公司由其行业特点导致其会计稳健性之间存在差异，陈旭东和黄登仕（2006）[153]发现我国上市公司的会计稳健性的行业特征在农林牧渔、批发零售业、房地产业、社会服务业、文化体育和娱乐业、综合类以及制造业中部分行业存在稳健性。张洁慧（2008）使用1997~2006年的A股上市公司考察后发现传统行业的稳健性较高。由于所使用稳健性度量模型的不同，表3-5的结果与使用Basu模型度量的结果上有差异，表3-5中我国建筑业的会计稳健性最高，其次是房地产业和批发零售业，而交通、运输和仓储业的会计稳健性最差。

---

① 本书考察的是剔除金融行业后的12个行业，行业分类依据证监会《上市公司行业分类指引》，在实际回归中制造业取前二位代码，其他行业取前一位代码。

表 3 - 5　　　　　CScore 模型计量的会计稳健性行业特征统计表

行业	CScore1		CScore2		样本量
	均值	t 值	均值	t 值	
农林牧渔	0.0646 ***	10.7508	0.0686 ***	10.8297	341
采掘业	0.0401 ***	7.6325	0.0315 ***	5.6035	346
制造业	0.0592 ***	55.4423	0.0607 ***	54.2084	9 035
电力、煤气及水的生产和供应业	0.0509 ***	13.5944	0.0479 ***	11.7471	738
建筑业	0.0882 ***	12.6840	0.0955 ***	13.0413	294
交通、运输和仓储业	0.0234 ***	7.0551	0.0172 ***	4.7433	641
信息技术业	0.0529 ***	17.4526	0.0508 ***	16.3430	974
批发和零售贸易	0.0785 ***	22.7739	0.0826 ***	22.8748	1 175
房地产业	0.0799 ***	21.7725	0.0831 ***	21.9331	1 174
社会服务业	0.0488 ***	10.9374	0.0420 ***	9.1507	501
传播与文化产业	0.0402 ***	5.1235	0.0307 ***	4.0412	129
综合类	0.0693 ***	18.5688	0.0707 ***	18.3924	927

三、关联方交易与会计稳健性

（一）理论分析与研究假设

关联方交易与会计信息质量的已有研究对关联方交易导致低的会计信息质量有了较为统一的结论。学界普遍的看法认为关联方交易会降低相关交易的透明度并且歪曲会计收益数字，导致信息不对称性增大（Bertrand et al.，2002）[22]，使得会计信息质量下降。

刘和卢（Liu & Lu，2003）[100]研究认为中国大股东的"隧道"行为是引发盈余管理的一个重要动因。而李增泉等（2005）[193]的研究对此也给予了肯定，他们的研究表明"掏空"行为后很可能会伴有盈余管理行为。他们发现"掏空"性并购行为完成的当年和之后的 1 ~ 2 年内盈余指标并没有显著变化，而理论预期这种"掏空"行为会对业绩产生负面影响，因此，他们认为这显示出"掏空"行为发生后，存在掩盖业绩下滑的盈余操控行为。但他们只是根据数据检验结果推测，并无进一步的具体检验。

孟焰和张秀梅（2006）[211]的研究则直接通过研究 2001～2004 年间 147 家由于关联方交易而被出具非标准审计报告的上市公司后发现，这类公司的大股东有通过关联方交易盈余管理行为从上市公司转移利益的倾向，他们发现关联方交易盈余管理程度越高，代表上市公司价值的 Tobin's Q 值越小。他们认为这说明关联方盈余管理行为对上市公司价值产生了负面影响，被投资者所察觉并在市值中予以反映，同时也被审计师发觉并出具了非标准审计意见。

佟岩和程小可（2007）[223]的研究则从盈余持续性角度考察了关联方交易对盈余质量的影响。他们发现代表大股东控制力度的第一大股东持股比例的多少会对大股东的利益动机产生影响，进而影响关联方交易的持续性，从而对盈余质量产生影响。具体而言，当第一大股东持股比例较高时，可能会倾向于获取私人收益，此时可能会出现大量大股东与上市公司之间由于"掏空"性关联交易产生的挂账项目，这些挂账项目并不能使上市公司获得现金，也无法使上市公司获取持续的盈利能力，所以此时上市公司与大股东间的关联方交易会导致盈余质量降低。相反，当大股东持股比例较高时，此时其持股的共享收益动机超过了私人收益动机，"掏空"成本也随着持股比例的上升而增加，大股东的"支持"动机增加，此时会通过各类支持性关联方交易来改善上市公司的资本结构，降低交易费用，提升经营效率，这时的关联方交易能够改善盈余稳定性，提升盈余质量。

冯惠琴（2011）[163]对关联方交易影响会计信息质量做了总结性的描述，她认为通过关联购销、资产重组、费用分担、资产租赁与委托经营和资金占用费用等关联方交易，关联方交易成为上市公司粉饰报表、调节利润的一种手段，这样的做法必然会导致财务报表公允性的丧失，进而导致投资者的决策失误。

通过以上研究可以看出，无论国内还是国外研究，对关联方交易与盈余质量的研究主要关注的是关联方交易与盈余管理（Jian & Wong, 2010[82]; Gordon et al., 2004[57]），以及关联方交易对应计质量的影响（洪剑峭和薛皓，2009）[171]和对价值相关性的影响（洪剑峭和方军雄，2005）[170]。对于上市公司关联方交易与会计稳健性之间的关系的研究尚不多见。王志伟（2010）[238]以资金占用作为关联方交易代理变量考察了 2001～2003 年 798 个样本后发现，会计稳健性与资金占用与否之间存在反向关系，而与资金占用程度之间存在显著负相关关系，非资金占用公司的稳健性系数高于资金占用公司。周晓苏和杨忠海（2010）[298]使用 2004～2006 年的 A 股样本数据，考察大股东行为与会计稳健性之间的关系，他们发现无论是大股东的"掏空"行为还是"支持"行为均降低了会计稳健性，而国家控制公司的会计稳健性更低，并且会计稳健性与终极控制人的控制权比例负相关，而与其他股东的制衡性正相关。

可以看出已有的几篇关联方交易与会计稳健性的研究仍然不够细致，大多只是研究了大股东与上市公司关联方交易的一个方面，例如，王志伟（2010）[238] 仅考察了大股东对上市公司的资金占用，而周晓苏和杨忠海（2010）[298] 也仅从大股东与上市公司间的其他应收款项和其他应付款项进行了考察，而大股东与上市公司间还存在大量其他类型的关联方交易，如前文分析的日常商业类关联方交易、产权类和担保抵押类关联方交易等，要完整地刻画大股东行为——关联方交易与会计稳健性之间的关系，就必须对各类关联方交易以及不同的关联方交易利益流动方向予以全方位考察。并且研究所涵盖的样本期间也应该更加广泛，只有这样才能得到更为可靠的结论。

基于已有研究，本书提出本章研究假设1：

假设1：关联方交易规模与会计稳健性间存在负相关关系，即大额的关联方交易将导致更为不稳健的会计实务。

由于不同类型关联方交易的目的不同，并且对大股东而言不同关联方交易从上市公司进行利益窃取或利益输送的难度不同，所以并不是所有的关联方交易均会对会计信息质量产生负面影响，某些旨在促进效率的关联方交易还可能会对会计稳健性产生积极推动作用。据此，本书提出本章研究假设2和假设3：

假设2：不同类型关联方交易与会计稳健性之间的关系存在差异。

假设3：不同方向关联方交易与会计稳健性之间的关系存在差异。

（二）研究设计

1. 数据来源与样本选择

本部分样本数据来源于 CSMAR 关联方交易数据库和财务数据库。所考察的关联方交易为上市公司与母公司以及受母公司控制的其他公司（统称为大股东）之间的各类关联方交易（下同）。由于稳健性指标只有1998年及随后的数据，本部分研究的样本时间跨度为 1998～2010 年。研究中关联方交易和会计稳健性数据均来自前文已有研究数据。

2. 模型设定与变量选取

为了考察会计稳健性与关联方交易之间的关系，本书构建了会计稳健性影响模型，模型中被解释变量为 CScore 模型度量的会计稳健性指标①，解释变量为期末资产去规模化后的关联方交易金额（RPT），同时在检验中，本书还对关联方交易的类型和方向分别进行了考察。为了控制其他因素对会计稳健性的影响，模型中还加入了以下控制变量。

企业规模（Size）：企业规模作为一个信息含量较强的变量，与企业的信息不对称性、诉讼风险以及受管制程度均有密切关系（Khan & Watts，2009）[88]，本书模型中使用年末资产的自然对数予以度量。

企业负债水平（Lev）：负债水平代表了债务契约对会计稳健性的影响，使用年末资产负债率予以度量。

盈利水平（ROA）：卡恩和瓦茨（Khan & Watts，2009）[88]发现企业盈利水平与会计稳健性之间存在负相关关系，这一方面可能与盈利水平中存在的业绩操控因素有关，高业绩水平中的盈余操控程度越大，会导致低的会计稳健性。另一方面，对于盈利性高的企业，无论是股东，还是债权人对该企业稳健性的要求可能会降低。

年度（Year）与行业（Ind）：从前文对会计稳健性的时间序列特征和行业特征分析可以看出，会计稳健性在不同时段和不同行业间具有波动性，所以回归模型中同时控制了年度和行业因素对结果的影响。

关联方交易对会计稳健性的影响基本回归模型如下：

$$CScore = RPT + Size + Lev + ROA + Year + Ind$$

相关变量的详细定义见表 3 – 6。

表 3 – 6　　　　　　　　　　　主要变量定义表

变量类型	变量名称	符号	定义
被解释变量	会计稳健性	CScore	卡恩和瓦茨（Khan & Watts，2009）[88] CScore 模型
解释变量	关联方交易	RPT	使用期末资产去规模化后的年度关联方交易总额
	日常商业交易类关联方交易	RPTC	包括商品交易类、提供或接受劳务类、代理与委托类、租赁、许可协议、研究与开发成果类关联方交易
	产权类关联方交易	RPTP	包括资产交易类、托管经营类、非货币性交易、股权交易、合作项目类关联方交易

---

① 前文 CScore 模型度量出的 CScore1。

续表

变量类型	变量名称	符号	定义
解释变量	资金债务类关联方交易	RPTF	包括资金交易类和债权债务交易类关联方交易
	担保与抵押类关联方交易	RPTG	即担保与抵押类关联方交易
	上市公司处于卖方地位关联方交易	RPT_In	在关联方交易中上市公司处于卖方立场，为交易的提供者，按照关联方交易的类型又可细分为 RPTC_In、RPTF_In、RPTP_In、RPTG_In
	上市公司处于买方地位关联方交易	RPT_Out	在关联方交易中上市公司处于买方立场，为交易的接受者，按照关联方交易的类型又可细分为 RPTC_Out、RPTF_Out、RPTP_Out、RPTG_Out
控制变量	企业规模	Size	期末资产的自然对数
	负债水平	Lev	期末负债/期末资产
	盈利水平	ROA	净利润/期末资产
	年度固定效应	Year	年度虚拟变量，20 个行业，19 个虚拟变量
	行业固定效应	Ind	行业虚拟变量，13 年，12 个虚拟变量

在剔除金融行业后，本书共计得到 10 430 个样本年数据。本书还对会计稳健性系数和盈利性指标 1% 和 99% 分位数以外的数据进行了缩尾处理①，以减轻极值对回归结果的影响。表 3-7 列示了样本的年度分布情况。

表 3-7　　　　　　　　　　样本年度分布情况表

年度	样本量	行业	样本量	其中：制造业按二级代码细分	样本量
1998	331	农林牧渔	222	食品、饮料	432
1999	444	采掘业	274	纺织、服装、皮毛	396
2000	458	制造业	6 089	木材、家具	40
2001	636	电力、煤气及水的生产和供应业	475	造纸、印刷	182

① 关联方交易数据已在前文进行了缩尾处理，所以本处不再做处理。

年度	样本量	行业	样本量	其中：制造业按 二级代码细分	样本量
2002	682	建筑业	202	石油、化学、塑胶、塑料	1 213
2003	706	交通、运输和仓储业	442	电子	426
2004	925	信息技术业	575	金属、非金属	1 027
2005	823	批发和零售贸易	583	机械、设备、仪表	1 693
2006	903	房地产业	715	医药、生物制品	604
2007	956	社会服务业	317	其他制造业	76
2008	1 118	传播与文化产业	78		
2009	1 193	综合类	458		
2010	1 255				
合计	10 430		10 430		6 089

（三）实证检验与分析

1. 变量描述性统计与相关系数矩阵

从表 3 - 8 的描述性统计结果可以看出，样本总体稳健性指标均值显著为正，即样本整体存在会计稳健性。上市公司与大股东四类关联交易规模由大到小依次为日常商业交易类、担保抵押类、产权类和资金债务类。上市公司与大股东关联交易中，上市公司作为买方的关联方交易规模显著高于上市公司作为卖方的规模。上市公司整体负债率为 48.74%，上市公司平均盈利性水平 ROA 在 3.30%，说明我国上市公司整体盈利性水平并不高，1 元的资产投资只能得到 0.033 元的回报。

表 3 - 9 的相关系数矩阵显示，会计稳健性与关联方交易负相关但不显著。对关联方交易按类型划分后，会计稳健性与日常商业交易类（RPTC）和产权类关联方交易（RPTP）负相关，与抵押担保类关联方交易（RPTG）正相关。这说明不同类型关联方交易对会计稳健性可能产生不同方向的影响。上市公司作为卖方的关联方交易（RPT_In）与会计稳健性负相关，这说明即使上市公司与大股东之间的关联方交易中上市公司是作为卖方，仍有可能由于交易本身的非公允性，对会计稳健性产生负面影响。企业盈利水平与稳健性和关联方交易负相关，说明盈利性高的企业与大股东之间的关联方交易规模反而较低。企业规模（Size）与会计稳健性负相关，负债指标（Lev）与会计稳健性正相关，这些结果均与理论预期一致。

表3-8

主要变量描述性统计表

变量名称	统计量	均值	中位数	极小值	Q1	Q3	极大值	标准差
CScore	10 430	0.0621***	0.0221	-0.0835	0.000929	0.0812	0.4555	0.1022
RPT	10 430	0.1905***	0.0988	0.0000	0.02385	0.2607	12.8666	0.2970
RPTC	10 430	0.0908***	0.0151	0.0000	0.000906	0.0818	4.0201	0.2001
RPTF	10 430	0.0190***	0	0.0000	0	0.0007	11.5715	0.1426
RPTP	10 430	0.0260***	0	0.0000	0	0.0032	1.3128	0.0727
RPTG	10 430	0.0582***	0	0.0000	0	0.0752	6.8521	0.1346
RPT_In	10 430	0.0622***	0.0085	0.0000	8.18E-05	0.0592	2.8072	0.1324
RPT_Out	10 430	0.1286***	0.0491	0.0000	0.005678	0.1688	10.0594	0.2190
ROA	10 430	0.0330***	0.0335	-0.2262	0.0119	0.0602	0.1894	0.0593
Size	10 430	21.4828***	21.3615	17.7692	20.72905	22.0920	28.1356	1.1261
Lev	10 430	0.4874***	0.4942	0.0091	0.353894	0.6263	0.9986	0.1866

注：此处考察的 CScore 是将股票市值区分流通股和非流通股不同标准计算的 CScore。
Q1 和 Q3 分别为 25% 分位数和 75% 分位数。
对均值做了是否显著异于 0 的 t 检验。***、**、* 分别代表在 1%、5% 和 10% 的水平上显著，下同。

表3-9

主要变量相关性系数矩阵

变量	CScore	RPT	RPTC	RPTF	RPTP	RPTG	RPT_In	RPT_Out	ROA	Size	Lev
CScore	1.0000	-0.0151	-0.0595***	-0.0016	-0.0549***	0.0854***	-0.0565***	0.0161	-0.284***	-0.1447***	0.3444***
RPT	0.0155	1.0000	0.6945***	0.5279***	0.2693***	0.4625***	0.6936***	0.8865***	0.0077	0.0867***	0.0790***
RPTC	-0.0501***	0.5513***	1.0000	0.0461***	0.0025	-0.0048	0.6844***	0.5264***	0.0901***	0.1213***	-0.0435***
RPTF	0.0108	0.2003***	-0.0021	1.0000	0.0296***	0.0164	0.2736***	0.4829***	0.0207**	0.0171	0.0537***
RPTP	-0.0480***	0.2547***	-0.0036	0.0691***	1.0000	0.0179	0.2655***	0.1521***	0.0259***	-0.0132	0.0145
RPTG	0.1125***	0.4998***	-0.0532***	0.0015	0.0423	1.0000	0.0763***	0.5740***	-0.1083***	0.0007	0.1716***
RPT_In	-0.0289***	0.5683***	0.6108***	0.1877***	0.1929***	0.0408***	1.0000	0.3325***	0.0366***	0.0341***	-0.0164
RPT_Out	0.0305***	0.8191***	0.4223***	0.1460***	0.1736***	0.5784***	0.2051***	1.0000	-0.0116	0.0971***	0.1180***
ROA	-0.2505***	-0.0342***	-0.0918***	-0.0892***	-0.0468***	-0.1702***	-0.0478***	-0.0385***	1	0.0950***	-0.4003***
Size	-0.1194***	0.0767***	0.1162***	0.0455***	0.1091***	0.0623***	0.0596***	0.1329***	0.1388***	1.0000	0.2683***
Lev	0.3481***	0.1331***	-0.0700***	0.1261***	0.0575***	0.2604***	0.0098	0.1629***	-0.4002***	0.2835***	1.0000

注: 相关系数矩阵的右上三角为 Pearson 相关系数矩阵，左下三角为 Spearman 相关系数矩阵。***、**、* 分别代表在 1%、5% 和 10% 的水平上显著，相关性显著系数显著性检验为双侧检验。

2. 回归结果分析

由于本书采用的是非平衡面板数据，自变量之间的自相关性较为严重，为了减轻自相关性对回归结果的影响，本书采用考虑一阶自相关［AR（1）］后的回归模型估计系数，系数的估计采用 Yule – Walker 估计法，所有回归分析的结果均通过 SAS 9.0 程序实现。

（1）关联方交易与会计稳健性。

从表 3 – 10 中模型 1 列示的 RPT 的回归结果可以看出，关联方交易整体对会计稳健性产生了负面影响，即验证了本书的假设 1。说明在控制了业绩水平、企业规模、债务水平等因素对会计稳健性的影响后，大股东与上市公司之间的关联方交易仍然会对会计稳健性产生显著负面影响，导致会计稳健性的下降。在我国，大量研究发现关联方交易被作为大股东掏空上市公司的工具，对盈余质量产生了显著负面影响。本书发现的关联方交易对会计稳健性的负面影响是对该结论的有利证明。大股东关联方交易的这种负面影响，与我国法律和监管尚不完善有关。尽管关联方交易并非都是不公允的，但是大股东在较为脆弱的公司治理环境下，通过关联方交易侵占中小股东利益的行为不会受到严惩，这在一定程度上助长了其通过关联方交易进行利益转移的动机（Jian & Wong，2010）[82]，而这种利益转移行为在 A 股上市公司普遍存在，自然会导致会计盈余质量的代理变量——会计稳健性的下降。

回归中业绩水平、企业规模和负债水平的结果与理论预期一致，盈利性越高的企业会计稳健性越低，这一方面与其盈利中较高的盈余操控水平有关，同时也与高盈利企业利益相关者对会计稳健性的关注较少有关。规模越大的公司由于其信息不对称性较低，通过会计稳健性来降低信息不对称性的需求较少，所以稳健性较低（Watts，2003a）[128]。当然该结论还可以解释为规模大的上市公司大股东通过关联方交易进行侵占的动机和规模更大，进而导致了更低的会计稳健性（孟焰和张秀梅，2006）[211]。样本的资产负债率越高，会计稳健性越高，这符合会计稳健性的债务契约动机，即债权人有动机要求债务人采取更为稳健的会计核算和报告政策，以低估净资产保障企业的偿债能力，避免对股东的过度分配。

各回归模型经调整后的 R^2 均在 70% 以上，说明模型具有较高的解释能力。

（2）关联方交易类型与会计稳健性。

在发现关联方交易整体对会计稳健性的负面影响后，本书进一步对关联方交易按其类型进行细分，详细考察了四类关联方交易对会计稳健性的影响。表 3 – 10 中模型 2 到模型 5 分别列示了四类关联方交易对会计稳健性的回归结果。

表3-10

关联方交易与会计稳健性回归结果

变量	模型1		模型2		模型3		模型4		模型5	
	系数	t值	系数	t值	系数	t值	系数	t值	系数	t值
截距	0.2009***	13.84	0.2005***	13.5	0.2047***	13.81	0.2048***	13.77	0.2040***	13.74
RPT	-0.0017**	-2.53								
RPTC			-0.0107***	-3.41						
RPTF					-0.0043	-1.27				
RPTP							-0.0023	-0.34		
RPTG									0.0022	0.55
ROA	-0.0764***	-7.37	-0.0759***	-7.32	-0.0770***	-7.43	-0.0770***	-7.42	-0.0770***	-7.43
Size	-0.0125***	-18.97	-0.0127***	-18.6	-0.0129***	-18.97	-0.0129***	-18.93	-0.0129***	-18.91
Lev	0.1977***	49.62	0.1966***	49.37	0.1973***	49.53	0.1972***	49.49	0.1969***	49.14
AR (1)	-0.3329***	-35.99	-0.3328***	-35.98	-0.3338***	-36.09	-0.3340***	-36.13	-0.3340***	-36.13
Ind	控制		控制		控制		控制		控制	
Year	控制		控制		控制		控制		控制	
DW	1.9346		1.9350		1.9351		1.9352		1.9353	
AdjR²	0.7151		0.7152		0.7149		0.7149		0.7149	
样本	10 430		10 430		10 430		10 430		10 430	

　　从回归结果可以看出，关联方交易对会计稳健性的负面影响，主要是由日常商业交易类关联方交易（RPTC）引起的，其他三类关联方交易对会计稳健性并未产生显著负面影响。从而验证了本书的研究假设2。这可能是由于大股东与上市公司之间发生的商品交易、劳务服务、产品代销以及租赁等交易行为中存在大量的账款拖欠行为。在会计收入确认的标准中，对于收款可能性小的交易，原则上不应确认为收入，但是当这种事情发生在大股东与上市公司之间时，上市公司的这种会计稳健性可能并没有保持住，所以才导致了会计稳健性的降低。周晓苏和张继袖（2008）[299]发现关联方交易降低了应计质量，洪剑峭和薛皓（2009）[171]同样也发现，相对于非关联方应计而言，关联方应计的可靠性更低，并且关联方应计可靠性较低，主要是国内第一大股东阵营之间的关联方交易。

　　（3）关联方交易利益流动方向与会计稳健性。

　　为了进一步考察上述有关上市公司作为卖方向大股东售出商品或提供服务产生的收入的可靠性较差，导致低的会计稳健性的猜想，本书进一步考察了关联方交易的利益流动方向对会计稳健性的影响。

　　表3-11列示了关联方交易方向对会计稳健性的回归结果。在回归中，按照关联方交易中上市所处立场的不同划分为，上市公司处于卖方立场关联方交易（RPT_In）和买方立场关联方交易（RPT_Out）。从RPT_In和RPT_Out的回归结果可以看出，上市公司处于卖方立场和买方立场的关联方交易均对会计稳健性产生了显著负面影响。

　　在上文中曾论述上市公司与第一大股东之间的关联方购销中存在大量拖欠行为，从而导致了低的应计质量，降低了上市公司的会计稳健性。为了验证该结论，本书接着考察了上市作为卖方和上市公司作为买方的日常商业交易类关联方交易与会计稳健性的关系。从RPTC_In和RPTC_Out的回归结果可以看出，无论是利益流入还是利益流出，上市公司的日常商业类关联方交易均对会计稳健性产生显著负面影响，但是利益流出类关联方交易的回归系数的值更小，相比利益流出类关联方交易而言，上市公司作为卖方类关联方交易对会计稳健性的负面影响更大。

　　本书认为在日常商业类关联交易中，对于上市公司作为卖方，为大股东售出商品或提供服务时，相关收入的回款可能性低，而上市公司对这些收入采用不稳健的会计确认政策，从而导致了会计稳健性下降。而对于上市公司作为买方，利益流出上市公司的商品或服务类关联交易可能是大股东将利益从上市公司转出（掏空）的行为，这些行为可能是大股东的自利性行为，为了避免外界

表 3 - 11　关联方交易方向与会计稳健性回归结果

变量	模型 1		模型 2		模型 3		模型 4	
	系数	t 值	系数	t 值	系数	t 值	系数	t 值
截距	0.2441***	20.56	0.2438***	20.53	0.2415***	20.32	0.2391***	20.01
RPT_In	-0.0125***	-3.11						
RPT_Out			-0.0054**	-2.20				
RPTC_In					-0.0211***	-4.22		
RPTC_Out							-0.0161***	-3.68
ROA	-0.0783***	-7.74	-0.0784***	-7.75	-0.0769***	-7.6	-0.0779***	-7.70
Size	-0.0148***	-27.05	-0.0148***	-27.04	-0.0147***	-26.82	-0.0146***	-26.45
Lev	0.2036***	60.22	0.2044***	60.25	0.2032***	60.09	0.2032***	60.05
AR (1)	-0.1007***	-10.31	-0.1009***	-10.34	-0.1012***	-10.37	-0.1006***	-10.31
Ind	控制		控制		控制		控制	
Year	控制		控制		控制		控制	
DW	2.0093		2.0094		2.0094		2.0094	
AdjR²	0.6906		0.6904		0.6906		0.6907	
样本	10 430		10 430		10 430		10 430	

的质疑,大股东有动机通过降低上市公司的会计稳健性,以此来减缓和掩盖其利益侵占行为对上市公司业绩的侵蚀(郑国坚,2009)[295],所以才导致 RPTC_Out 对会计稳健性的显著负向关系。

(4)关联方往来与会计稳健性。

前文发现日常商业类关联方交易对会计稳健性产生了显著负面影响,并且无论是利益流入(上市公司为卖方)还是流出(上市公司为买方),上市公司的日常商业关联方交易均对会计稳健性存在这种负面性。已有研究发现上市公司与大股东之间的关联方交易会降低应计的可靠性,从而导致会计信息质量降低(周晓苏和张继袖,2008[299];洪剑峭和薛皓,2009[171];郑国坚,2009[295])。上市公司与大股东之间的日常商业交易会分别产生应付款项和应收款项,既然两类利益流通方向的关联方交易均对会计稳健性产生了负面影响,理论上应该也可以观察到大股东关联方交易产生的应收和应付款项与会计稳健性之间的负相关关系。

所以本书进一步考察了上市公司与其大股东之间的应收项目(AR)和应付项目(AP)与会计稳健性的关系。在检验中参考前文关联方交易与会计稳健性关系模型的形式,回归模型为:CScore = AR(或 AP) + Size + Lev + ROA + Year + Ind。考察中上市公司与大股东之间的往来数据来自 CSMAR 数据库,在保留 AR 或 AP 非 0 数据条,以及剔除会计稳健性指标和相关控制变量空缺数据后,共得到 1998 ~ 2010 年的 8 027 个样本数据。

表 3 - 12 列示了 AR 和 AP 对会计稳健性指标的回归结果。从模型 1 的结果可以看出,虽然上市公司应收大股东的款项对会计稳健性产生了负面影响,但是在统计上并不显著,结合上文中上市公司与大股东之间的日常商业利益流入类关联方交易(RPT_In)对会计稳健性产生的负面影响结果,这说明虽然关联方交易会被大股东用作盈余操控(或利益转移)的手段,但这种手段可能并不局限于通过应计操控,大股东还可以通过现金的流出形式(对上市公司而言是现金流入)来进行操控。简和王(Jian & Wong,2010)[82]的研究发现与本书类似,他们发现大股东与上市公司之间商品交易类关联方交易是中国资本市场一种常见的盈余操控方式,为了减少监管者和审计师对大股东与上市公司之间大量应计的过度关注,以及同一集团内现金销售的易实现性,大股东可能会通过现金类商品交易来实现其调节利润的目的。这在一定程度上解释了前文我们发现的利益流入上市公司的关联方交易对会计稳健性产生了负面影响,而在上市公司应收控股款项中,却未出现对会计稳健性的显著负面回归结果。

表 3 - 12　　　　　　　　　　　　　关联方往来与会计稳健性

变量	模型 1		模型 2		模型 3	
	系数	t 值	系数	t 值	系数	t 值
截距	0.2399***	13.23	0.2385***	13.18	0.2390***	13.19
AR	-0.0189	-0.96			-0.0103	-0.52
AP			-0.1004***	-3.26	-0.0982***	-3.16
ROA	-0.0145***	-17.68	-0.0144***	-17.63	-0.0145***	-17.64
Size	0.2089***	43.91	0.2098***	44.05	0.2098***	44.04
Lev	-0.0425***	-4.91	-0.0414***	-4.79	-0.0417***	-4.81
AR (1)	-0.3310***	-31.35	-0.3311***	-31.36	-0.3309***	-31.34
Ind	控制		控制		控制	
Year	控制		控制		控制	
DW	1.9496		1.9499		1.9498	
AdjR^2	0.6831		0.6835		0.6835	
样本	8 027		8 027		8 027	

　　模型 2 的回归结果显示出上市公司应付大股东的款项对会计稳健性产生了显著负面影响。结合上文中上市公司与大股东之间的日常商业利益流出类关联方交易（RPT_Out）对会计稳健性产生的负面影响结果，说明上市公司从大股东处采购货物或获取服务可能存在大量的非公允性，并且即使这两者之间的交易属于信用销售时，这种非公允性依然存在，并且导致了对会计稳健性的显著负面影响。本书认为，除了众多学者研究发现的大股东从上市公司采购商品或服务中存在大量利益转移行为外，上市公司从大股东处的采购行为同样存在向大股东进行利益输送的行为，并且大股东为了掩盖或延缓这种利益输送行为对上市公司的负面影响，有动机通过抑制坏消息披露的速度、加速好消息披露的速度，来达到缓和市场情绪的目的，这也是本书会发现利益流出类的关联方交易和应付大股东账款均对会计稳健性产生了负面影响的原因所在。

（四）对关联方交易与会计稳健性关系的进一步探讨

1. 大股东持股比例对关联方交易与会计稳健性的影响

　　大股东的不同持股比例会对其行为产生差异化影响。一方面，随着大股东持股比例的增加，其对上市公司利益侵占的机会成本会增大（徐莉萍等，2006）[262]，因为侵占行为引起的股价下跌会导致大股东财富受损程度较大。但同时，高持股比例也会产生"堑壕效用"（entrenchment effect），大股东的高持股比例代表了其对上市公司的绝对控制权，有利于其利益侵占行为的实施。所以，大股东持股比例对会计稳健性可能产生两种不同方向的影响，其实际影响需要通过实证结果来检验。

在前述关联方交易与会计稳健性关系模型的基础上，本书按照第一大股东持股比例是否大于50%将样本分为两个子样本，分别进行回归，借以考察大股东持股比例水平高低对关联方交易与会计稳健性关系的影响。由于前文已发现关联方交易对会计稳健性的负面影响主要来自日常商业类关联方交易，故检验直接使用 RPTC 作为关联方交易变量。

从表3-13可以看出，当第一大股东持股比例超过50%时，日常商业类关联方交易对会计稳健性产生了显著的负面影响，从而说明控股股东持股比例较高时"堑壕效用"对会计信息质量产生了负面影响。而当第一大股东持股比例低于50%时，其与上市公司之间的关联方交易并未对会计稳健性产生显著影响。并且大股东持股比例不同的情况下关联方交易对会计稳健性的差异性影响，在利益流入类（卖方）和利益流出类（买方）关联方交易中均存在类似情形。

2. 企业所有权属性对关联方交易与会计稳健性的影响

已有研究发现国有控股企业由于产权不明确，存在严重的道德风险和内部人控制问题，从而导致国有属性上市公司的盈余质量更低（王化成和佟岩，2006）[228]。李增泉等（2004）[191]认为由于国有企业普遍存在棘轮效应和预算软约束，所以大股东为国有时从上市公司进行利益转移的动机更强。所以，本书进一步考察了企业所有权属性对关联方交易与会计稳健性的影响。

由于我国上市公司的股权结构普遍较为复杂，要判断上市公司的企业性质，不能单从其直接大股东进行判断，需要考虑最终控制人的性质，所以本书根据上市公司最终控制人是否是国有性质来判断上市公司的产权属性，将上市公司按照最终控制人的性质分为国有和非国有两类，分别进行回归，用以考察企业所有权属性对关联方交易与会计稳健性的交叉影响。

从表3-14可以看出，国有所有权属性与关联方交易的交叉变量对会计稳健性产生了显著负面影响，而非国有产权大股东与上市公司之间的关联方交易却对会计稳健性产生了正面影响。这说明在国有上市公司，通过关联方交易来进行会计业绩操控的现象更为普遍，并且这种关联方交易可能更多地是对大股

表3-13　不同持股比例下关联方交易与会计稳健性回归结果

变量	模型1				模型2				模型3			
	Top1>50%		Top1≤50%		Top1>50%		Top1≤50%		Top1>50%		Top1≤50%	
	系数	t值	系数	t值	系数	t值	系数	t值	系数	t值	系数	t值
截距	0.2834***	9.32	0.1912***	9.72	0.2874***	9.45	0.191***	9.7	0.2847***	9.35	0.192***	9.75
RPTC	-0.0210***	-3.96	0.0034	0.82								
RPTC_In					-0.0337***	-3.69	-0.0011	-0.15				
RPTC_Out									-0.0264***	-2.97	0.0078	1.3
ROA	-0.0566***	-3.36	-0.0209**	-2.3	-0.0572***	-3.39	-0.0208**	-2.29	-0.0573***	-3.39	-0.0207**	-2.27
Size	-0.0176***	-13.54	-0.0124***	-13.62	-0.0178***	-13.69	-0.0123***	-13.6	-0.0177***	-13.61	-0.0124***	-13.65
Lev	0.2346***	28.07	0.1871***	38.1	0.2343***	27.98	0.187***	38.09	0.2357***	28.21	0.1872***	38.12
AR (1)	-0.3470**	-20.27	-0.3015***	-22.35	-0.3489***	-20.4	-0.3016***	-22.36	-0.34609***	-20.22	-0.3015***	-22.35
Ind	控制		控制		控制		控制					
Year	控制		控制		控制		控制					
DW	1.8997		1.9752		1.8994		1.9763		1.8997		1.9737	
AdjR²	0.6592		0.7433		0.6690		0.7433		0.6692		0.7433	
样本	3039		5032		3039		5032		3039		5032	

表 3 - 14 不同所有权属性下关联方交易与会计稳健性回归结果

变量	模型 1				模型 2				模型 3			
	国有		非国有		国有		非国有		国有		非国有	
	系数	t 值	系数	t 值	系数	t 值	系数	t 值	系数	t 值	系数	t 值
截距	0.2770***	12.43	0.2337***	7.78	0.2818***	12.64	0.2312***	7.71	0.2747***	12.31	0.2334***	7.77
RPTC	-0.0215***	-4.8	0.0121**	2.05								
RPTC_In					-0.0317***	-4.07	0.0164	1.2				
RPTC_Out									-0.0308***	-4.13	0.0146*	1.93
ROA	-0.0381***	-3.22	-0.0378***	-2.93	-0.0374***	-3.16	-0.0379***	-2.93	-0.0393***	-3.32	-0.0375***	-2.91
Size	-0.0172***	-17.35	-0.0139***	-9.91	-0.0175***	-17.6	-0.0137***	-9.82	-0.0172***	-17.23	-0.0139***	-9.9
Lev	0.2316***	37.83	0.1789***	23.13	0.2323***	37.9	0.1785***	23.07	0.2315***	37.79	0.179***	23.14
AR (1)	-0.3236***	-23.93	-0.2495***	-10.47	-0.3252***	-24.07	-0.2485***	-10.42	-0.3226***	-23.85	-0.2493***	-10.46
Ind	控制		控制		控制		控制		控制		控制	
Year	控制		控制		控制		控制		控制		控制	
DW	1.9129		1.9510		1.9125		1.9526		1.9122		1.9510	
AdjR²	0.7046		0.7874		0.7042		0.7870		0.7042		0.7873	
样本	4 931		1 683		4 931		1 683		4 931		1 683	

东利益侵占行为的掩盖。而在非国有上市公司中，关联方交易可能被用作效率的促进，有利于提升上市公司的会计信息质量，所以对会计稳健性体现为正向促进作用。

四、本章小结

本章首先在介绍关联方交易和会计稳健性基本概念的基础上分别考察了我国 A 股上市公司 1997 ~ 2010 年间关联方交易和会计稳健性的时间序列特征。

在对关联方交易的考察中，本书发现我国上市公司与大股东之间的关联方交易占据了上市公司所有关联方交易的一半以上，并且在这 14 年中上市公司与大股东之间的关联方交易无论是从规模上，还是从频率上均呈现出直线上升的趋势。在对上市公司与大股东关联方交易按照类型、方向细分后，本书发现日常商业类关联方交易在规模和交易频率上都是四类关联方交易中最大的，但是该类交易的规模占总关联方交易的比例在下降，而抵押担保类关联方交易无论是从规模还是从频率上均呈现出上升趋势。从关联方交易的方向来看，上市公司与大股东之间的关联方交易在各年作为买方的关联方交易规模始终大于上市公司作为卖方的关联方交易规模。

在会计稳健性的考察中，本书分别介绍了已有研究中常用的三类稳健性度量方法，分别是 Basu 模型、应计模型和 CScore 模型。本书在后续的研究中使用 CScore 模型度量的会计稳健性指标作为会计稳健性的代理变量。

在单独分析了关联方交易和会计稳健性的基础上，本书接着考察了关联方交易与会计稳健性的关系。在理论分析的基础上，本书提出上市公司与大股东之间关联方交易对会计稳健性存在负面影响的研究假设，并且这种影响在不同关联方交易以及不同方向关联方交易中存在区别。

在选取 1998 ~ 2010 年 A 股上市公司样本考察后，本书发现：

第一，整体而言关联方交易存在对会计稳健性的显著负面影响，并且这种负面影响主要是由大股东与上市公司之间的日常商业类关联方交易引起的。

第二，在考察不同方向关联方交易后，本书发现无论上市公司作为卖方还是买方的关联方交易均对会计稳健性产生了显著负面影响。在此结论的基础上，本书认为，在我国，日常商业类关联方交易被大股东作为利益转移、盈余操控的一个重要手段，从而对代表会计信息质量的会计稳健性产生了显著负面影响，并且无论交易中利益的流动方向如何，这种负面影响均存在。并且大股东的这种利益转移和利益操控方式不仅通过操控关联方应计来实现，甚至还有可能直接通过现金流出的形式来完成。

第三，上市公司从大股东处进行的日常商业采购行为中的不公允性对上市公司的负面影响，使得大股东有动机通过降低会计稳健性来减轻这种负面影响。

第四章

全流通前后大股东行为
变迁影响的实证检验

本书在分析全流通过程中关联方交易与会计稳健性变化趋势的基础上，探讨了全流通前后大股东行为变迁与会计信息质量关系的动态变化，以及变化背后的深层原因。

一、理论分析与研究假设

当股票无法流通时，非流通股股东权益价值的实现方式只有场外交易和企业发放现金股利两种合法途径。由于场外交易的不活跃性、交易审批的复杂性以及场外交易中非流通股与流通股份相比的大幅折价①，使得股权分置下现金股利的发放成为非流通股实现权益价值的主要合法方式（黄志忠，2006）[175]。但实际上，我国上市公司的盈利性普遍不高②，发放现金股利的公司比例较西方发达国家资本市场低，并且即使有能力发放现金股利的上市公司，其现金股利发放也多缺乏稳定性和连续性（付代红，2009[164]；陈志军，2011[155]）。这使得非流通股股东的两类合法权益价值实现渠道均不畅通。

由于股票无法流动，大股东处于绝对控股地位，其对上市公司的控制很少受到外部威胁，这使得上市公司大股东为实现自身利益的最大化，有动机以其他股东利益为代价，追求自身权益（Demsetz & Lehn，1985[41]；La Porta et

---

① 西尔伯（Silber，1991）[119]发现与无限制股票相比，有交易限制股票出售价要折价。陈和熊（Chen & Xiong，2001）[34]通过对中国 2000～2001 年的场外交易研究发现，非流通股交易价格与其 A 股流通股价相比有大幅折价（79%～86%）。

② 本书第三章显示的 ROA 均值仅为 3.3%。

al.，1999[93]；刘峰等，2004[198]）。而这其中又以关联方交易、资金占用等方式从上市公司进行利益转移的行为最为盛行（李增泉等，2004[191]；罗党论和唐清泉，2006[207]）。所以关联方交易在亚洲盛行，并且在中国尤为猖獗，与股票流通性差引发的股权结构过度集中以及由此导致的公司治理效率低下有着密切关系（夏立军和方轶强，2005[251]；OECD，2009[108]；Jiang et al.，2010[85]）①。已有大量研究证实了股票不流通性与频发的关联方交易的密切关系，及其对上市公司业绩的负面影响（Xu & Wang，1999[133]；Aharony et al.，2010[3]；Jiang et al.，2010[85]）。

在全流通后原有的股权分置格局被打破，大股东所持股份逐渐可以流通，大股东股票可以上市交易，两类股东之间的利益冲突得以缓解（吴晓求，2006）[248]，原有大股东通过大量关联方交易对上市公司进行利益侵占来实现控股私人收益的行为得以减少。例如，廖理和张学勇（2008）[195]发现全流通后家族上市公司最终控制人由于利益取向回归到上市公司的发展，在使用过度负债作为大股东"掏空"代理变量后，他们发现全流通后样本公司过度负债水平有显著降低。王亮和姚益龙（2010）[233]发现股权分置改革后，原非流通股股东股票的逐渐流通，使得两类股东的利益趋同，大股东的"掏空"行为②显著减少（由股改前的32%变为股改后的25.4%）、"支持"行为③显著增多（由股改前36.6%上升为股改后的55.3%），从而验证了股票全流通的积极效果。并且他们还发现，股改前支持行为与随后的掏空行为之间正相关，而全流通后支持的掏空行为有显著减弱，并且流通股比例与支持的掏空行为之间显著负相关。而周晓苏和张继袖（2008）[299]的研究则认为，由于股改后大股东可在二级市场中买卖股票，他们需要在"掏空"获利行为和在二级市场的套利获现之间进行权衡，随着股改后大股东"掏空"成本在上升，尽管整体而言关联方交易对业绩有负面影响，但股改后关联方交易对业绩的这种负面影响显著减弱，而这一变化主要是由于股改后大股东对上市公司业绩的关注，引发其支持上市公司的关联方交易行为增多。

但是同时也应注意，尽管全流通后两类股东的利益趋于一致，持股利益与股价之间均密切相关，但由于大股东的持股优势和信息优势，其在全流通后旨

---

①　当然我国关联方交易频发也与法律规范缺失和监管不足有关。并且20世纪80年代开始的国企改革，组建大型国企集团也促使了原有非关联交易成为关联交易，而随后20世纪90年代开始推行的集团内分拆上市，客观上导致了上市主体与集团之间"剪不断理还乱"的关联方交易（洪剑峭和方军雄，2005）[170]。

②　扣除正常交易后，关联方购买商品、资产，提供担保、抵押及其他关联方作为收入方的项目。

③　扣除正常交易后，关联向上市公司提供担保、抵押以及进行资产、资金注入业务。

在促进上市公司股价提升的"支持"行为可能并不真实（张祥建和郭岚，2008）[285]，大股东攫取上市公司利益、侵占小股东权益的本质可能并未变化，只是手法上变得更加隐蔽和不易察觉（李小溪，2010）[186]，并且全流通后大股东只需要较少的持股比例即可控制上市公司，此时大股东控制权和现金流权的差异可能会扩大，其侵占上市公司利益的机会成本会下降，侵占动机可能会增强（黄志忠，2006[175]；李瑞等，2011[183]）。

从全流通与会计信息质量变化来看，本书第三章的研究已经发现，上市公司大股东普遍存在的通过关联方交易进行利益侵占、盈余操控等行为，导致了关联方交易对会计稳健性的负面影响，并且这种负面影响与大股东的高持股比例和国有属性密切相关。随着全流通后大股东股票流通性的逐渐增强，大股东利益侵占动机的减弱以及公司治理水平的提升，会对会计信息质量产生正面促进作用。

张学勇和廖理（2010）[287]的研究就发现，全流通带来了上市公司大股东与中小股东之间利益实现基础趋同的变化，改善了公司治理水平，对上市公司的自愿性信息披露水平有显著促进作用。格林等（Green et al.，2010）[59]则通过使用 IFRS 作为财务透明度的检验框架后发现，由于全流通后政府控制比例的降低以及管理层向市场提供信息动机的增强，完成股改公司的信息透明度显著增强。江和哈比卜（Jiang & Habib，2010）[85]则认为，全流通后流通股数量增多，导致了市场和管理层对会计信息的需求增加，企业会计信息的价值相关性有显著增强。

所以，如果全流通后大股东原有利益侵占行为减少，并且其通过关联方交易支持上市公司的长期发展，从而实现上市公司业绩与价值的真实提升，那么这一系列大股东与上市公司关联方交易的积极变化将会对上市公司的会计信息质量产生积极促进作用，本书所考察的会计信息代理变量——会计稳健性也将会随之产生积极变化。

但是，如果全流通后大股东仍然将关联方交易作为操控上市公司业绩的一个工具，无论是利益侵占类关联方交易的减少还是支持类关联方交易的提升，都只是为了达到提升股价、获取股票出售利得的权宜之计，那么即使公司的股价可能由于关联方交易对投资者造成的积极预期有显著提振作用，但是企业的实际会计业绩可能并没有想象中那么好，会计业绩的提升只具有短暂性，真实业绩可能并无显著改善。这时为了能够维持股价的高位运行，大股东可能会有动机使上市公司会计核算方法变得更加激进，降低会计稳健性，延迟或暂缓披露对企业股价不利的会计信息，使对股价有利的信息披露得更为及时，这将导致会计稳健性在全流通后的持续恶化。

　　已有关于全流通后 A 股上市公司盈余管理和盈余持续性的研究或许从一个侧面说明了股票流通性逐渐增强可能会对会计信息质量产生负面影响。例如，申慧慧等（2009）[215]发现全流通后非国有大股东通过减持实现私人收益的动机强烈，全流通后非国有上市公司进行提升业绩的盈余管理动机强烈，盈余持续性降低，盈余质量变差。蔡宁和魏明海（2009）[140]发现虽然全流通解禁后原非流通股东只是获得了流通权，并不涉及股票的买卖，但是流通权的获取给了解禁股东的可出售预期，他们发现解禁来临之前股东就有通过正向操控性应计来进行盈余管理提升股价的动机。李宁和刘玉红（2009）[182]则发现全流通后大股东在减持之前有进行正向盈余管理、推高股价实现高位减持股份获利的目的。

　　所以，通过以上分析可以看出，全流通后上市公司与大股东之间发生的关联方交易对会计稳健性的影响可能是正面的也可能是负面的。如果全流通能够使大股东更加关注上市公司的长期发展与价值增值，减弱大股东通过关联方交易的利益输送行为，增强大股东与其他中小股东之间的"收益共享"，那么全流通后的关联方交易将更多地体现为"效率观"，可能会对会计稳健性有增量正面影响。但如果全流通后，大股东由于其股权财富与市场价值之间变得更加密切，其机会主义动机反而会增强，那么全流通后关联方交易作为盈余操控的手段可能会进一步增强，关联方交易对会计稳健性反而会产生更加负面的影响。基于此，本章提出两个相对立的研究假设：

　　假设 1：如果全流通能够增强大股东的"收益共享"动机，那么全流通后关联方交易对会计稳健性的负面影响会减弱。

　　假设 2：如果全流通能够增强大股东"机会主义"动机，那么全流通后关联方交易对会计稳健性的负面影响会增强。

二、研　究　设　计

（一）数据来源与样本选择

　　本章研究中，大股东与上市公司之间的关联方交易数据、上市公司财务数据以及上市公司股权分置改革的基本信息均来自 CSMAR 相关数据库。会计稳健性指标来自本书第三章按照 CScore 模型计算得出的数据。相关连续变量均进行缩尾（Winsorize）处理，以减轻极值对结果的影响。

　　在考察中，股改公司共经历了四个时期，分别为股权分置改革之前、股改当年、股改完成后的 1 年禁售期和禁售期满后的解禁期。借鉴已有研究（俞红海和徐龙炳，2010[277]；赵自兵等，2010[293]），本书将股改当年及股改之前的年份定义为全流通前，将股改之后的年份定义为全流通后。为了减轻股改时期过长导致的各类变量波动性过大对结果产生的影响，本书只选取股改开始和结束在同一年内完成的样本。由于股改完成年份主要集中在 2005 ~ 2007 年，本书只考察 2005 ~ 2007 年完成股改的样本。由于我国 A 股上市公司从 2000 年开始才具有较为稳定的会计稳健性，所以本章考察的样本时间跨度为 2000 ~ 2010 年。在剔除金融行业以及缺失数据后，共计得到 6 680 个公司年样本数据。

（二）模型设定与变量选取

　　在考察全流通对关联方交易与会计稳健性关系的影响中，沿用第三章关联方交易对会计稳健性的影响模型，在其中加入了全流通虚拟变量。模型中控制变量与第三章一致，模型设定如下：

$$CScore = RPT + Reform + Reform \times RPT + Size + Lev + ROA + Year + Ind$$

　　在实证研究中，本书除了考察全流通前后的影响外，还进一步对样本细分为四个时期，考察不同时期大股东可能存在的差异化变迁行为。本章相关变量的具体设定详见表 4 - 1。

表 4 - 1　　　　　　　　　　　　主要变量定义表

变量类型	变量名称	符号	定义
被解释变量	会计稳健性	CScore	卡恩和瓦茨（Khan & Watts, 2009）[88] CScore 模型
解释变量	关联方交易	RPT	使用期末资产去规模化后的年度关联方交易总额
	日常商业交易类关联方交易	RPTC	包括商品交易类、提供或接受劳务类、代理与委托类、租赁、许可协议、研究与开发成果类关联方交易
	产权类关联方交易	RPTP	包括资产交易类、托管经营类、非货币性交易、股权交易、合作项目类关联方交易

续表

变量类型	变量名称	符号	定义
解释变量	资金债务类关联方交易	RPTF	包括资金交易类和债权债务交易类关联方交易
	担保与抵押类关联方交易	RPTG	担保与抵押类关联方交易
	上市公司处于卖方地位关联方交易	RPT_In	在关联方交易中上市公司处于卖方立场，为交易的提供者，按照关联方交易的类型又可细分为 RPTC_In、RPTF_In、RPTP_In、RPTG_In
	上市公司处于买方地位关联方交易	RPT_Out	在关联方交易中上市公司处于买方立场，为交易的接受者，按照关联方交易的类型又可细分为 RPTC_Out、RPTF_Out、RPTP_Out、RPTG_Out
全流通与否	全流通与否	Reform	全流通前为1，否则为0
控制变量	企业规模	Size	期末资产的自然对数
	负债水平	Lev	期末负债/期末资产
	年度固定效应	Year	年度虚拟变量，11 年，10 个虚拟变量
	行业固定效应	Ind	行业虚拟变量，20 个行业，19 个虚拟变量

三、实证检验与分析

（一）全流通前后相关变量的变化分析

本书首先对相关检验变量在全流通过程中的变化情况进行了分析。从表 4 - 2 的 Panel A 可以看出，全流通后大股东与上市公司之间的关联方交易规模有显著上升，从全流通前占总资产规模的 17.14% 上升为全流通后的 21.26%，这一提升主要是源于资金类、产权类和抵押担保类关联方交易规模在全流通后的显著上升，日常商业交易类关联方交易在全流通后有小幅下降但降幅不显著。从关联方交易的方向的变化来看，上市公司处于卖方地位的关联方交易规模在全流通后有显著上升，从全流通前占总资产的 10.83% 上升为全流通后的 13.96%，上市公司处于买方地位的关联方交易规模在全流通后也有 2 个百分点的上升。

表 4 - 2 的 Panel B 显示出，全流通后会计稳健性指标有大幅下降，这与第三章所观察到的会计稳健性时间序列变化特征一致。全流通后上市公司的会计业绩有显著提升，ROA 从全流通前 2.79% 上升为全流通后的 3.35%。全流通后上市公司规模和资产负债率均有显著提升。

表 4 - 2　　　　　　　　　全流通前后相关变量均值的变化情况

变量	全流通前	全流通后	差异	F 值
	（1）	（2）	（3）	（4）
Panel A：全流通前后关联方交易变量的变化情况				
RPT	0.1714	0.2126	0.0412 ***	28.6700
RPTC	0.0890	0.0829	- 0.0062	1.7200
RPTF	0.0152	0.0271	0.0119 ***	8.0500
RPTP	0.0127	0.0328	0.0201 ***	128.7200
RPTG	0.0535	0.0690	0.0154 ***	19.8500
RPT_In	0.0569	0.0662	0.0093 ***	7.6700
RPT_Out	0.1083	0.1396	0.0313 ***	30.6300
Panel B：全流通前后其他变量的变化情况				
CScore1	0.1065	0.0212	- 0.0853 ***	1350.0400
ROA	0.0286	0.0350	0.0064 ***	21.5500
RET	0.0123	- 0.0589	- 0.0712 ***	24.9400
Size	21.3180	21.8633	0.5453 ***	429.3000
Lev	0.4712	0.5192	0.0480 ***	117.6000
样本量	3 588	3 092		

由于股改公司的全流通是一个逐渐实现的过程，上文对全流通前后相关变量的比较可能会使全流通过程的某些变化趋势被掩盖，所以本书接着将样本期间进一步细分为股改前、股改当年、禁售期和解禁期四个时期。

从表 4 - 3 的 Panel A 可以看出，大股东与上市公司间关联方交易规模在全流通过程中一直在上升，并且样本公司进入股改后这一增加趋势最为显著。分项来看，日常商业类关联方交易规模（RPTC）在解禁期之前处于上升趋势，在进入解禁期后该类关联方交易规模显著下降，并且其规模甚至低于股改前。

表 4 – 3　　全流通过程相关变量均值的变化情况

变量	股改前 (1)	股改中 (2)	禁售期 (3)	解禁后 (4)	差异					
					(2) – (1)	(3) – (1)	(4) – (1)	(3) – (2)	(4) – (2)	(4) – (3)
Panel A：全流通前后关联方交易变量的变化情况										
RPT	0.1667	0.1906	0.2032	0.2152	0.0238*	0.0365***	0.0485***	0.0127	0.0246*	0.0120
RPTC	0.0895	0.0872	0.0944	0.0796	-0.0023	0.0049	-0.0099	0.0071	-0.0076	-0.0148*
RPTF	0.0134	0.0226	0.0368	0.0244	0.0092	0.0234***	0.0110**	0.0141	0.0017	-0.0124*
RPTP	0.0116	0.0175	0.0134	0.0384	0.0060**	0.0018	0.0268***	-0.0041	0.0209***	0.0250***
RPTG	0.0514	0.0624	0.0582	0.0720	0.0110*	0.0068	0.0206***	-0.0041	0.0097	0.0138**
RPT_In	0.0558	0.0615	0.0650	0.0665	0.0057	0.0092	0.0107***	0.0036	0.0050	0.0015
RPT_Out	0.1043	0.1245	0.1364	0.1405	0.0202**	0.0321***	0.0362***	0.0119	0.0160	0.0041
Panel B：全流通前后其他变量的变化情况										
CScore1	0.1262	0.0245	0.0402	0.0157	-0.1017***	-0.0861***	-0.1105***	0.0156***	-0.0088**	-0.0245***
DA1	0.0053	0.0053	0.0071	0.0038	0.0000	0.0018	-0.0015	0.0018	-0.0016	-0.0034
ROA	0.0280	0.0310	0.0416	0.0331	0.0029	0.0136***	0.0050***	0.0107***	0.0021	-0.0086***
Size	21.2830	21.4633	21.6197	21.9330	0.1803***	0.3367***	0.6500***	0.1564***	0.4697***	0.3133***
Lev	0.4607	0.5149	0.5057	0.5230	0.0542***	0.0450***	0.0624***	-0.0092	0.0082	0.0174**
样本量	2 891	697	688	2 404						

资金债务类关联方交易（RPTF）同样在解禁期之前的三个时期内有不断上升趋势，但进入解禁期后该交易规模又显著下降，但规模仍显著高于股改前的水平。产权类关联方交易（RPTP）规模在进入股改期后显著提升，在进入禁售期后该类关联方交易的规模又小幅下降，但进入解禁期后又显著上升并且是四期中的最高值。上市公司与大股东之间担保抵押类（RPTG）关联方交易的规模在进入股改期后显著上升，随后进入禁售期后又小幅下降，在进入解禁期后又大幅提升。

从关联方交易的方向来看，上市公司处于买方立场的关联方交易（RPT_Out）规模从进入股改期开始就一直处于上升趋势。上市公司处于卖方立场的关联方交易（RPT_In）的规模同样也在四期不断上升，但上升幅度较 RPT_Out（买方立场）的规模要小。

从表 4 - 3 的 Panel B 可以看出，样本公司会计稳健性在全流通过程中存在波动性，在进入股改当年大幅下降，但是当进入禁售期后又显著提升，进入解禁期后会计稳健性又显著下降。上市公司会计业绩 ROA 在进入股改当年小幅提升，在进入禁售期后较大幅度提升，但是随后在解禁期内又显著下降。全流通过程中企业规模和资产负债水平一直处于不断上升趋势。

从以上变量的变化趋势可以看出，全流通后上市公司与大股东间的关联交易整体规模在扩大，除日常商业类关联方交易外，其他类型关联方交易在全流通后均显著提升。代表会计信息质量的会计稳健性在全流通过程中有着先降后升再降的变化趋势。样本公司的盈利性水平在全流通后有显著改善，但这种改善的稳定性较差。

（二）相关系数矩阵

表 4 - 4 分别列示了全流通前后稳健性指标与关联方交易变量的相关系数。从中可看出，全流通前除抵押担保类关联方交易外，其余类型关联方交易变量与稳健性指标之间存在负相关关系。上市公司处于卖方立场关联方交易（RPT_In）与会计稳健性负相关，而上市公司处于买方立场关联方交易（RPT_Out）与会计稳健性正相关。全流通后，只有资金债务类关联方交易（RPTF）与会计稳健性负相关，其他关联方交易变量与会计稳健性均存在正相关关系。这似乎说明全流通带来了上市公司与大股东之间的关联方交易与会计稳健性之间的负相关关系的不断减弱，验证了本章的研究假设 1。但该结论仍需要后文的多元回归分析来予以进一步证实。

表4-4

全流通前后主要变量相关系数矩阵

Panel A: 全流通前（n = 3 588）

变量	CScore1	RPT	RPTC	RPTF	RPTP	RPTG	RPT_In	RPT_Out	ROA	Size	Lev
CScore1	1.0000	-0.0114	-0.1140***	-0.0008	-0.0191	0.1768***	-0.0939***	0.0638***	-0.2875***	-0.1487***	0.4693***
RPT	0.0186	1.0000	0.7585***	0.4491***	0.2118***	0.4432***	0.7013***	0.8123***	0.0032	0.1361***	0.0554***
RPTC	-0.1053***	0.5796***	1.0000	0.0166	0.0031	-0.0166	0.7607***	0.5621***	0.0982***	0.1795***	-0.0845***
RPTF	-0.0116	0.1754***	-0.0368**	1.0000	0.0512***	0.0240	0.2127***	0.1748***	-0.0500***	0.0062	0.0465***
RPTP	-0.0007	0.2041***	-0.0269	0.0618***	1.0000	0.0144	0.1497***	0.1437***	0.0451***	-0.0281*	-0.0213
RPTG	0.1866***	0.5290***	-0.0532***	0.0562***	0.0441	1.0000	0.0177	0.6373***	-0.1326***	0.0054	0.2329***
RPT_In	-0.0805***	0.5824***	0.6575***	0.1997***	0.1226***	0.0349**	1.0000	0.2914***	0.0351**	0.0720***	-0.0515***
RPT_Out	0.0673***	0.8190***	0.4329***	0.1189***	0.1453***	0.6026***	0.2211***	1.0000	-0.0315*	0.1312***	0.1268***
ROA	-0.2998***	-0.0049	0.1201***	-0.1335***	0.0582***	-0.1470***	0.0252	-0.0163	1.0000	0.1871***	-0.3528***
Size	-0.0864***	0.0885***	0.1297***	0.0087	0.0657***	0.0410***	0.0758***	0.1179***	0.1743***	1.0000	0.1939***
Lev	0.4528***	0.0860***	-0.1218***	0.0988***	0.0139	0.2514***	-0.0281*	0.1178***	-0.3569***	0.2906***	1.0000

续表

Panel B: 全流通后（n = 3 092）

变量	CScore1	RPT	RPTC	RPTF	RPTP	RPTG	RPT_In	RPT_Out	ROA	Size	Lev
CScore1	1.0000	0.0545***	0.0205	0.0644***	-0.0462**	0.0368**	0.0095	0.0681***	-0.1166***	-0.0221	0.4254***
RPT	0.0747***	1.0000	0.5978***	0.6577***	0.2853***	0.4769***	0.7008***	0.9240***	-0.0440**	0.0193	0.0953***
RPTC	-0.0275	0.5271***	1.0000	0.0868***	0.0368**	0.0252	0.6265***	0.4552***	0.0249	0.0887***	0.0100
RPTF	0.1108***	0.2804***	0.0452**	1.0000	0.0131	0.0102	0.3632***	0.6653***	-0.0171	0.0040	0.0547***
RPTP	-0.0309*	0.3207***	0.0529***	0.0573***	1.0000	0.0133	0.3365***	0.1452***	0.0086	-0.0463***	-0.0141
RPTG	0.0935***	0.5232***	0.0140	0.0024	0.0282	1.0000	0.1471***	0.5431***	-0.1080***	-0.0378**	0.1336***
RPT_In	0.0061	0.5835***	0.5878***	0.1655***	0.2892***	0.1174***	1.0000	0.3906***	0.0097	-0.0185	-0.0035
RPT_Out	0.0796***	0.8433***	0.4358***	0.2546***	0.1985***	0.5851***	0.2513***	1.0000	-0.0577***	0.0427**	0.1277***
ROA	-0.0971***	-0.1166***	0.0379**	-0.1096***	0.0388**	-0.1996***	-0.0213	-0.1131***	1.0000	0.1743***	-0.3569***
Size	-0.0943***	0.0066	0.1219***	0.0365	0.0870***	-0.0111	0.0448**	0.0661***	0.1566***	1.0000	0.2906***
Lev	0.3652***	0.1928***	0.0103	0.1988***	0.0579***	0.2665***	0.0579***	0.2354***	-0.3839***	0.3064***	1.0000

(三) 回归结果分析

1. 关联方交易与会计稳健性关系的时间序列特征

虽然第三章在控制了行业和年度因素后发现，整体而言，关联方交易对会计稳健性存在显著负面影响，但是这种负面影响在各年有怎样的变化则需要进行分年回归。如果全流通对关联方交易与会计稳健性的关系存在显著影响，则应该可以观察到两者关系在全流通前后的显著变化。本书在考察全流通对关联方交易与会计稳健性关系的影响之前，首先对两者关系进行了分年回归考察，在观察变化的基础上再做进一步研究。

从表4-5的回归结果可以看出，从2000年开始，某些类型的关联方交易就已对会计稳健性产生了显著负面影响（2000年为RPTF，2001年为RPTP），并且2002~2005年日常商业类关联方交易均对会计稳健性产生了持续的显著负面影响。但是从2006年开始这种影响显著减弱，并且RPT和RPTG变量与会计稳健性指标之间还出现了显著正相关的关系，之后的年份中除抵押担保类关联方交易（RPTG）仍对会计稳健性有显著负面影响外，其他关联方交易变量对会计稳健性均不再产生显著负面影响。联想到2006年我国上市公司全面进入股改时期，似乎是股票的全流通导致大股东行为的变化，使得关联方交易对会计稳健性的负面影响显著减弱，这与本书的假设1预期一致。本书在后述内容中将对该猜想进行实证检验。

2. 全流通对关联方交易与会计稳健性关系的影响

从表4-6可以看出，全流通前，整体而言，关联方交易对会计稳健性具有显著负面影响，但是全流通对这一负面影响具有显著减弱作用，从而证实了本章假设1所认为的，全流通后由于大股东利益实现方式的扩展，原有大股东通过与上市公司之间关联方交易来进行利益转移的动机有所减弱，即使在全流通后大股东与上市公司之间关联方交易的规模有所上升，但关联方交易对会计稳健性的负面影响仍有所减弱。

从四类关联方交易的单独回归结果来看，日常商业交易类（RPTC）、产权类关联方交易（RPTP）在全流通前对会计稳健性的负面影响，在全流通后均有所减弱。但是抵押担保类关联方交易的回归结果与其他三类相反，在全流通前抵押担保类关联方交易（RPTG）与会计稳健性正相关，而在全流通后这一正相关关系反而恶化。抵押担保一般与企业的债权密切相关，全流通前抵押担保类关联方交易与会计稳健性的显著正相关关系，源自抵押担保所产生的潜在

表4-5

关联方交易与会计稳健性的分年回归结果

年度	RPT 系数	RPT t值	RPTC 系数	RPTC t值	RPTF 系数	RPTF t值	RPTP 系数	RPTP t值	RPTG 系数	RPTG t值	RPT_In 系数	RPT_In t值	RPT_Out 系数	RPT_Out t值
2000	-0.0010	-1.29	-0.0007	-0.82	-0.0090**	-2.43	-0.0025	-0.58	0.0014	0.57	-0.0008	-0.64	-0.0020	-1.51
2001	-0.0018	-0.91	0.0000	0.01	-0.0080	-0.67	-0.0159**	-2.22	-0.0024	-0.48	-0.0042	-1.18	-0.0005	-0.15
2002	-0.0185**	-2.54	-0.0202**	-2.34	-0.0062	-0.17	-0.0234	-0.63	-0.0189	-1.01	-0.0245**	-2.11	-0.0218*	-1.87
2003	-0.0154**	-1.98	-0.0173*	-1.75	0.0163	0.68	-0.0882**	-2.00	-0.0268	-1.37	-0.0230*	-1.73	-0.0188	-1.57
2004	-0.0080	-0.99	-0.0383***	-2.81	-0.0028	-0.20	0.0649	1.22	0.0172	1.12	-0.0372*	-1.74	-0.0078	-0.63
2005	-0.0140*	-1.80	-0.0188*	-1.82	0.0220	1.00	-0.0520	-1.15	-0.0275	-1.51	-0.0171	-1.04	-0.0189*	-1.79
2006	0.0009*	1.86	0.0003	0.52	0.0015	1.27	0.0012	0.54	0.0025**	2.09	0.0017*	1.93	0.0010	1.37
2007	-0.0004	-0.38	-0.0007	-0.34	0.0000	0.03	0.0029	0.19	-0.0117*	-1.69	-0.0007	-0.22	-0.0005	-0.39
2008	-0.0001	-2.29	0.0005	0.75	0.0001	0.04	-0.0012	-0.97	-0.0015	-1.10	0.0001	0.09	-0.0002	-0.25
2009	0.0006	0.23	0.0070	1.41	-0.0062	-0.71	0.0075	1.38	-0.0103*	-1.95	0.0015	0.32	-0.0008	-0.19
2010	0.0001	0.07	0.0044	1.54	0.0030	0.96	0.0055	1.08	-0.0019	-1.39	0.0030	0.92	-0.0009	-0.72

注：此处回归样本来源于第三章关联方交易自回归样本。

分年回归中变量不存在严重自回归问题，故使用 OLS 回归。

回归模型为第三章会计稳健性—关联方交易模型，此表只列示了关联方交易变量的回归系数和 t 值。

表4-6　全流通前后关联方交易与会计稳健性的关系变化

变量	模型1 系数	模型1 t值	模型2 系数	模型2 t值	模型3 系数	模型3 t值	模型4 系数	模型4 t值	模型5 系数	模型5 t值
截距	0.2823***	17.36	0.2760***	16.98	0.2829***	17.39	0.2832***	17.36	0.2793***	17.23
Reform	0.0099*	1.85	0.0072	1.36	0.0112**	2.11	0.0105**	1.99	0.0167***	3.15
RPT	-0.0125***	-3.34								
Reform×RPT	0.0080*	1.77								
RPTC			-0.0376***	-7.54						
Reform×RPTC			0.0464***	6.71						
RPTF					-0.0106	-1.19				
Reform×RPTF					0.0061	0.62				
RPTP							-0.0415**	-2.02		
Reform×RPTP							0.0503**	2.19		
RPTG									0.0604***	7.16
Reform×RPTG									-0.0889***	-8.8
ROA	-0.0392***	-2.9	-0.0373***	-2.77	-0.0395***	-2.92	-0.0387***	-2.86	-0.0392***	-2.91
Size	-0.0174***	-24.33	-0.0170***	-23.8	-0.0175***	-24.48	-0.0175***	-24.44	-0.0174***	-24.5
Lev	0.2193***	49.38	0.2163***	48.78	0.2191***	49.32	0.2188***	49.31	0.2164***	48.46
AR (1)	-0.1120***	-9.19	-0.1131***	-9.28	-0.1120***	-9.19	-0.1131***	-9.27	-0.1133***	-9.29
Ind	控制		控制		控制		控制		控制	
Year	控制		控制		控制		控制		控制	
DW	2.0080		2.0081		2.0079		2.0074		2.0083	
AdjR²	0.6857		0.6875		0.6852		0.6849		0.6882	
样本	6 680									

债权对会计稳健性的需求，而全流通后抵押担保对会计稳健性正面关系的显著减弱可能是与之相关的债权稳健性需求的减少有关。当然这也可能是与全流通后上市公司大股东"掏空"上市公司的行为变得更加隐蔽有关。在已有研究中，上市公司与大股东之间的抵押担保被作为大股东的"掏空变量"（吴淑琨和刘铁军，2008）[247]，所以全流通后抵押担保类关联方交易对会计稳健性的负面影响也可能是源于该类交易在全流通后被作为大股东侵占上市公司的利益渠道，这部分印证了本章的假设2。对该结论在下文对关联方交易方向与会计稳健性关系的讨论中会做进一步探讨。

整体而言，本章研究假设1中全流通后大股东的"利益共享"的假设得到验证，但是在具体考察各类关联方交易时，本书发现全流通使得大股东通过日常商品交易类和产权交易类关联方交易对会计稳健性的负面影响得到显著改善，但是担保抵押与会计稳健性的显著正相关关系在全流通后却显著减弱，体现出本章"机会主义"研究假设的可能性。

3. 全流通对关联方交易方向与会计稳健性关系的影响

本书第三章中发现上市公司无论是作为买方还是卖方，其与大股东之间的关联方交易均存在不公允性，并且这种不公允性导致大股东有动机降低会计稳健性来减少该类关联方交易对企业的负面影响。既然全流通后大股东利益实现方式发生了显著改变，那么两类利益流动方向对会计稳健性的负面影响是否也会有显著改善？

表4-7中模型1和模型2的回归结果可以看出，全流通前上市公司处于卖方和买方立场的日常商业关联方交易均对会计稳健性产生了显著负面影响，但是全流通对这种负面影响产生了显著的改善，体现在全流通虚拟变量与RPTC_In和RPTC_Out的交叉变量对CScore的回归系数显著为正，从而验证了本章的假设1。这说明全流通前大股东通过两种方向日常商业类关联方交易对上市公司进行利益侵占，并且这些行为对会计稳健性的负面影响随着股票流通性的增强而逐渐减弱。

在表4-7分类型考察关联方交易与会计稳健性关系时，本书发现抵押担保类关联方交易在全流通前与会计稳健性的正相关关系在全流通后显著减弱。为了进一步考察这一现象，表4-11中的模型3和模型4分别对上市公司作为卖方（RPTG_In）和上市公司作为买方（RPTC_Out）与大股东之间发生的抵押担保类关联方交易对会计稳健性的影响进行了考察。从回归结果可以看出，变量RPTG_In和RPTG_Out均存在全流通前与会计稳健性显著正相关，而在全流通后这种正相关关系存在显著恶化趋势。

表 4 - 7　全流通前后关联方交易方向与会计稳健性的关系变化

变量	模型 1 系数	模型 1 t 值	模型 2 系数	模型 2 t 值	模型 3 系数	模型 3 t 值	模型 4 系数	模型 4 t 值	模型 5 系数	模型 5 t 值	模型 6 系数	模型 6 t 值
截距	0.2788***	17.17	0.2765***	16.96								
Reform	0.0087*	1.65	0.0081	1.52								
RPTC_In	-0.0505***	-6.06										
Reform × RPTC_In	0.0630***	5.09										
RPTC_Out			-0.0576***	-6.7								
Reform × RPTC_Out			0.0708***	6.21								
RPTG_In					0.0829**	1.98						
Reform × RPTG_In					-0.1030**	-2.26						
RPTG_Out							0.0591***	6.74				
Reform × RPTG_Out							-0.0897***	-8.45				
RPTF_In									0.0120	0.55		
Reform × RPTF_In									-0.0207	-0.72		
RPTF_Out											0.0743***	3.69
Reform × RPTF_Out											-0.0805***	-3.87

续表

变量	模型 1 系数	模型 1 t 值	模型 2 系数	模型 2 t 值	模型 3 系数	模型 3 t 值	模型 4 系数	模型 4 t 值	模型 5 系数	模型 5 t 值	模型 6 系数	模型 6 t 值
ROA	-0.0383***	-2.83	-0.0375***	-2.78	-0.0386***	-2.85	-0.0394***	-2.93	-0.0389***	-2.87	-0.0379***	-2.81
Size	-0.0172***	-24.11	-0.0170***	-23.81	-0.0174***	-24.46	-0.0174***	-24.5	-0.0174***	-24.46	-0.0174***	-24.39
Lev	0.2171***	48.92	0.2170***	48.93	0.2186***	49.24	0.2169***	48.54	0.2188***	49.27	0.2185***	49.21
AR (1)	-0.1135***	-9.31	-0.1121***	-9.2	-0.1126***	-9.24	-0.1134***	-9.3	-0.1123***	-9.21	-0.1127***	-9.25
Ind	控制		控制		控制		控制		控制		控制	
Year	控制		控制		控制		控制		控制		控制	
DW	2.0080		2.0081		2.0079		2.0084		2.0081		2.0078	
AdjR²	0.6864		0.6873		0.6851		0.6879		0.6850		0.6855	
样本	6 680											

在关联方抵押担保中，上市公司作为卖方时（RPTG_In），体现为上市公司向大股东的借款提供抵押担保，此时上市公司需要为大股东承担责任。已有研究发现，上市公司向控股股东提供担保经常会被作为大股东利益侵占上市公司的途径，其中存在的非公允性有可能会使上市公司遭受巨额损失。所以 Reform × RPTG_In 对 CScore 显著为负的回归系数体现了全流通后上市公司向大股东提供抵押担保对会计稳健性产生的显著负面影响。

上市公司作为买方，接受大股东为其提供借款的相关抵押担保（RPTG_Out），由此产生了上市公司与大股东之间可能存在的潜在债权债务关系。全流通前 RPTG_Out 与 CScore 显著正相关性体现了大股东作为（潜在）债权人对稳健性的需求，但是全流通后这一需求有显著减弱，体现为 Reform × RPTG_Out 对 CScore 显著为负的回归系数。

对于大股东充当（潜在）债权人时在全流通后对会计稳健性需求的显著减弱，同样可以通过考察上市公司与大股东之间的资金债务类关联方交易在全流通前后与会计稳健性的关系来予以证实。表 4-7 中模型 5 考察的是上市公司向大股东借出资金关联方交易（RPTF_In）对会计稳健性的影响，模型 6 则考察了大股东向上市公司借出资金关联方交易（RPTF_Out）对会计稳健性的影响。可以看出，当上市公司作为债权人时，全流通前后均未对会计稳健性产生显著影响。但是当大股东作为债权人时，全流通前借出资金的规模与会计稳健性显著正相关，但是全流通后这种正相关关系却显著减弱。这说明全流通后大股东作为（潜在）债权人时的资金债务类关联方交易以及抵押担保类关联方交易对会计稳健性的需求均有显著减弱。

（四）全流通过程对关联方交易与会计信息质量关系的影响

上文中全流通对关联方交易与会计信息质量（会计稳健性）关系影响的讨论仅考虑了全流通前后的影响，但实际上全流通是一个过程，从最初的大股东股票不可流通，到股改当年大股东与流通股股东就流通权的获取进行协商和补偿，再到股改顺利通过后的一年禁售期，最后才实现了解禁后的股票全流通。所以全流通对关联方交易和会计稳健性的影响是一个逐步变化的过程，在不同阶段大股东为了达到不同目的，以及其所考虑和权衡的事项不同，可能会对关联方交易与会计稳健性产生不同的影响。

所以本书接下来对全流通不同阶段下关联方交易与会计稳健性的关系进行了进一步考察，在考察中为了能够捕捉不同阶段关联方交易与会计稳健性关系的差异性变化，本书首先将样本期间划分为四个时期，分别为股改前（Bef）、股改当年（Mid）、禁售期（Lock）和解禁期（Aft）。在单独考察这四个时期关联方交易变量与会计稳健性关系的基础上，本书进一步将样本分为三个子样本，分别为股改前与股改当年样本（Bef & Ref）、股改当年与禁售期样本（Ref & Lock）、禁售期与解禁期样本（Lock & Aft）。为了考察子样本期内相邻两个时期中关联方交易与会计稳健性关系的变化，分别设定三个虚拟变量 Reform1、Reform2 和 Reform3，在 Bef & Ref 子样本中，若样本为股改当年，则 Reform1 为 1，否则为 0。在 Ref & Lock 子样本中，若样本为禁售期，则 Reform2 为 1，否则为 0。在 Lock & Aft 子样本中，若样本为解禁期，则 Reform3 为 1，否则为 0。

1. 全流通四个时期关联方交易与会计信息质量关系的变化

在对全流通四个不同时期中关联方交易与会计稳健性关系的考察中，仍然沿用本书第三章中关联方交易与会计稳健性关系模型，为了行文的简洁和结果的易读性，表4-8中只列示了四个时期关联方交易对会计稳健性的回归系数和 t 值，其他回归数据均被省略。

表4-8　　　　　全流通四个时期关联方交易对会计稳健性的回归系数

变量名称	股改前		股改当年		禁售期		解禁期	
	系数	t 值	系数	t 值	系数	t 值	系数	t 值
Panel A：关联方交易类型								
RPT	-0.0071	-1.43	-0.0083	-1.25	-0.0008	-0.52	0.0011	0.83
RPTC	-0.0153**	-2.12	-0.0055	-0.61	-0.0034	-0.95	0.0031	1.40
RPTF	-0.0175*	-1.68	-0.0088	-0.52	0.0003	0.17	0.0020	0.46
RPTP	-0.0098	-0.38	-0.0704**	-2.29	0.0128	0.63	0.0064*	1.72
RPTG	0.0191*	1.82	-0.0014	-0.08	-0.0162*	-1.73	-0.0025	-1.19
Panel B：关联方交易方向								
卖方立场								
RPT_In	-0.0146	-1.44	-0.0149	-1.22	-0.0031	-0.69	0.0029	1.00
RPTC_In	-0.0161	-1.39	-0.0206	-1.31	-0.0051	-0.87	0.0044	0.97
RPTF_In	-0.0096	-0.34	-0.0132	-0.41	-0.0014	-0.16	-0.0126	-0.78
RPTP_In	-0.0497	-1.17	-0.0763	-1.34	0.0240	0.58	0.0095*	1.63
RPTG_In	0.0310	0.51	0.0369	0.75	0.0027	0.1	-0.0051	-0.77

续表

变量名称	股改前		股改当年		禁售期		解禁期	
	系数	t 值	系数	t 值	系数	t 值	系数	t 值
买方立场								
RPT_Out	0.0073	0.99	− 0.0083	− 0.78	− 0.0006	− 0.28	0.0003	0.15
RPTC_Out	− 0.0253 **	− 2.08	0.0040	0.25	− 0.0062	− 0.86	0.0039	1.26
RPTF_Out	0.0619 ***	2.45	− 0.0163	− 0.53	0.0006	0.25	0.0032	0.66
RPTP_Out	0.0451	1.22	− 0.0554	− 1.37	0.0289	1.16	0.0019	0.28
RPTG_Out	0.0192 *	1.8	− 0.0076	− 0.43	− 0.0165 *	− 1.67	− 0.0025	− 1.10

从表 4 − 8 的 Panel A 可以看出，在股权分置改革开始前，日常商业类和资金债务类关联方交易对会计稳健性产生了显著负面影响，而抵押担保类关联方交易却对会计稳健性有积极促进作用。但是在样本公司进入股改程序当年，日常商业类和资金债务类关联方交易对会计稳健性原有的负面影响消失，抵押担保类关联方交易对会计稳健性的正面影响同样消失，而股改前产权类关联方交易对会计稳健性不显著的负面影响变得显著。在进入禁售期后，四类关联方交易中，只有抵押担保类关联方交易对会计稳健性产生了显著负面影响，其他关联方交易变量对会计稳健性的回归系数均不显著。在经过一年禁售期，上市公司进入了解禁期，该期内，产权类关联方交易对会计稳健性产生了显著正向影响。

表 4 − 8 的 Panel B 列示了关联方交易方向对会计稳健性的回归结果，从中可以看出，股改前，上市公司作为买方从大股东处购入商品、服务等项目的日常商业类关联方交易（RPTC_Out）对会计稳健性产生了显著负面影响，说明大股东在股改前通过日常商业类关联方交易对上市公司可能存在利益侵占行为，并且该行为对会计稳健性产生了显著负面影响。在进入股改当年，以及随后的禁售期和解禁期内，上市公司接受大股东提供的日常商业类服务的关联方交易对会计稳健性的负面影响在逐步减弱，在进入解禁期后该回归系数已经变为正。对于上市公司向大股东出售日常商业类服务的交易（RPTC_In），在四期均未对会计稳健性产生显著影响。

股改前从大股东处获得资金或接受债务（RPTF_Out），以及取得担保的关联方交易（RPTG_Out）对会计稳健性有显著促进效果，体现为（潜在）债权人对稳健性的需求。在全流通后 RPTG_Out 与会计稳健性的关系逐渐恶化，并在禁售期变得显著为负。说明全流通过程中，大股东在向上市公司提供抵押担保后对上市公司的会计稳健性需求有显著减弱。

表4-8的回归结果中RPTP以及RPTP_In在解禁期内与会计稳健性的正相关关系，可能与解禁后大股东通过产权交易来对上市公司进行"支持"有关。汤砚卿（2011）就发现全流通后上市公司以高于市场价的价格将股权或资产出售给母公司，以低于市场价的价格从母公司控股子公司处购买资产，体现了全流通后大股东对上市公司的支持行为。所以本书所考察到的产权类关联方交易对会计稳健性在全流通后的积极影响，体现了大股东由原有通过关联方交易转移上市公司资产，进行利益侵占的"机会主义观"，转变为全流通后整合集团内资源，提高上市公司资源配置的"效率观"。

2. 进入股改程序对关联方交易与会计信息质量性关系的影响

从表4-9的回归结果可以看出，上市公司进入股改程序对会计稳健性产生了显著负面影响，这可能与上市公司为了在股改方案的谈判中处于更加有力的地位、向流通股股东支付更少的对价有关，上市公司有动机加速好消息的披露速度，抑制坏消息的披露速度，报喜不报忧，降低会计稳健性，以获取更多的谈判筹码。李宁和刘玉红（2009）[182]发现股改公司为了能够在股改中支付更低的对价成本，有动机在股改时期对盈余进行操控。曾等（Zeng et al.，2011）[135]、靳庆鲁和原红旗（2008）[179]均发现大股东为了降低股改的对价水平甚至存在与机构投资者合谋或贿赂基金经理的行为。所以为了能够少向非流通股股东支付股改对价，大股东有动机在股改当年多披露利好消息来制造出股改公司生机勃勃、未来发展充满希望的局面，从而使股改方案能够较快通过。

表4-9 Panel A中模型1的回归结果显示出，股改前日常商业类关联方交易对会计稳健性的负面影响在进入股改当年显著减弱，体现为Reform1 × RPT的回归系数显著为正，验证了本章假设1。该结果与进入股改阶段谈判程序后，大股东必须要考虑流通股股东的情绪有关。股改前大股东通过日常商业类关联方交易侵占上市公司利益，并通过降低会计稳健性来对侵占进行掩盖的行为在股改中会有所收敛。为了博取流通股股东的"欢心"，促使股改方案尽快通过，同时也为了降低股改中的对价支付水平，这种较为明目张胆的侵占行为会有所收敛，与该行为相伴的降低会计稳健性的信息操作手段也会减少。体现为进入股改后RPTC对会计稳健性回归系数负面影响的显著减弱。表4-9的Panel B中模型1和模型2的回归结果同样显示出，无论是上市公司作为日常商业服务的接收方还是提供方，其与大股东之间的关联方交易在股改前均对会计稳健性产生了显著负面影响，而进入股改后两类方向关联方交易对会计稳健性的负面影响显著减弱。

表4-9　进入股改程序对关联方交易与会计稳健性关系的影响

Panel A: 关联方交易类型与会计稳健性

变量	模型 1 系数	模型 1 t 值	模型 2 系数	模型 2 t 值	模型 3 系数	模型 3 t 值	模型 4 系数	模型 4 t 值
截距	0.7578***	11.04	0.7571***	11.02	0.7574***	11.01	0.7450***	10.89
Reform1	-0.0175***	-3.02	-0.0107*	-1.88	-0.0099*	-1.72	0.0003	0.05
RPT								
Reform1 × RPT								
RPTC	-0.0278***	-4.32						
Reform1 × RPTC	0.0678***	5						
RPTF			-0.0135	-1.2				
Reform1 × RPTF			-0.0368	-1.39				
RPTP					-0.0133	-0.49		
Reform1 × RPTP					-0.0466	-0.89		
RPTG							0.0403***	3.79
Reform1 × RPTG							-0.1482***	-5.97

续表

Panel A: 关联方交易类型与会计稳健性

变量	模型 1		模型 2		模型 3		模型 4	
	系数	t 值	系数	t 值	系数	t 值	系数	t 值
ROA	-0.1080***	-4.94	-0.1142***	-5.2	-0.1119***	-5.09	-0.1148***	-5.25
Size	-0.0324***	-26.23	-0.0327***	-26.71	-0.0327***	-26.68	-0.0326***	-26.72
Lev	0.3332***	47.91	0.3350***	48.25	0.3345***	48.15	0.3330***	47.41
AR (1)	-0.1025***	-6.14	-0.1018***	-6.1	-0.1046***	-6.27	-0.1021***	-6.12
Ind	控制		控制		控制		控制	
Year	控制		控制		控制		控制	
DW	1.9996		2.0000		1.9999		1.9999	
AdjR^2	0.7344		0.7327		0.7317		0.7350	
样本	3 588							

Panel B: 关联方交易方向与会计稳健性

变量	模型 1		模型 2		模型 3		模型 4		模型 5		模型 6	
	系数	t 值	系数	t 值	系数	t 值	系数	t 值	系数	t 值	系数	t 值
截距	0.7571***	11.02	0.7611***	11.09	0.7576***	11.02	0.7437***	10.86	0.7572***	11.01	0.7550***	11
Reform1	-0.0141**	-2.45	-0.0180***	-3.12	-0.0105*	-1.85	0.0004	0.08	-0.0108*	-1.91	-0.0092*	-1.62
RPTC_In	-0.0322***	-3.05										
Reform1 × RPC_InT	0.0723***	2.99										

续表

Panel B: 关联方交易方向与会计稳健性

变量	模型 1 系数	模型 1 t 值	模型 2 系数	模型 2 t 值	模型 3 系数	模型 3 t 值	模型 4 系数	模型 4 t 值	模型 5 系数	模型 5 t 值	模型 6 系数	模型 6 t 值
RPTC_Out			-0.0461***	-4.18								
Reform1 × RPTC_Out			0.1335***	5.63								
RPTG_In					0.0753	1.17						
Reform1 × RPTG_In					-0.1638*	-1.72						
RPTG_Out							0.0396***	3.62				
Reform1 × RPTG_Out							-0.1559***	-5.87				
RPTF_In									-0.0025	-0.09		
Reform1 × RPTF_In									-0.0705	-1.29		
RPTF_Out											0.0719***	2.69
Reform1 × RPTF_Out											-0.1714***	-3.38

续表

Panel B: 关联方交易方向与会计稳健性

变量	模型 1		模型 2		模型 3		模型 4		模型 5		模型 6	
	系数	t 值	系数	t 值	系数	t 值	系数	t 值	系数	t 值	系数	t 值
ROA	-0.1093***	-4.98	-0.1094***	-5	-0.1113***	-5.06	-0.1153***	-5.27	-0.1129***	-5.13	-0.1140***	-5.19
Size	-0.0325***	-26.46	-0.0325***	-26.3	-0.0327***	-26.7	-0.0325***	-26.69	-0.0327***	-26.69	-0.0326***	-26.66
Lev	0.3337***	47.94	0.3339***	48.1	0.3345***	48.15	0.3334***	47.49	0.3349***	48.19	0.3338***	48.06
AR (1)	-0.1002***	-6.24	-0.1004***	-6.01	-0.1044***	-6.26	-0.1014***	-6.08	-0.1031***	-6.18	-0.1026***	-6.15
Ind	控制		控制		控制		控制		控制		控制	
Year	控制		控制		控制		控制		控制		控制	
DW	2.0002		1.9990		1.9997		2.0000		2.0003		2.0000	
AdjR^2	0.7326		0.7353		0.7318		0.7351		0.7321		0.7330	
样本	3 588											

　　虽然上述结果体现出进入股改对关联方交易与会计稳健性负相关关系的改善，验证了假设 1，但是这种改善在其他类型关联方交易中却并未存在。表 4－9 Panel A 中抵押担保类关联方交易（RPTG）在股改前与会计稳健性呈显著正相关关系，但在进入股改后却显著减弱，从而验证了假设 2。

　　对于抵押担保类关联方交易而言，股改前上市公司接受大股东的抵押担保（RPT_Out）规模越大，上市公司的稳健性越高，体现为大股东由于承担抵押担保义务而产生的对上市公司较强的会计稳健性需求，但是进入股改程序后这种需求显著减弱，体现为 Reform1 × RPTG_Out 显著为负的回归系数。上市公司向大股东提供抵押担保（RPTG_In）的规模在股改前与会计稳健性不显著的正相关关系在进入股改后显著减弱，这可能与进入股改程序后大股东通过获取上市公司提供抵押担保来获取私人收益并操控会计信息对之进行掩盖有关。同样在资金债务类关联方交易上，上市公司在股改前接受大股东提供资金支持或债务转出（RPTF_Out）规模越大，上市公司的会计稳健性越高，体现为大股东作为债权人的会计稳健性需求，但是进入股改后，大股东的这种需求显著减弱，体现为 Reform1 × RPTF_Out 显著为负的回归系数。

　　所以，进入股改后整体而言，股改公司的会计稳健性出现了显著下降，但是大股东的利益侵占行为变得更加隐蔽，原有日常商业类关联方交易的侵占方式减弱，对会计稳健性的负面影响减少，但是大股东与上市公司之间的抵押担保类关联方交易可能变为大股东更加隐蔽的利益转移方式，并对会计稳健性产生了显著负面影响。

　　3. 进入禁售期对关联方交易与会计稳健性关系的影响

　　表 4－10 列示了股改公司在顺利完成股改进入 1 年禁售期前后关联方交易与会计稳健性关系的变化。从中可以看出，最为明显的变化趋势是，产权类关联方交易（RPTP）在股改期对会计稳健性的负面影响在进入禁售期后有显著正向变化趋势。这说明，股改期上市公司与大股东之间产权交易中可能存在的非公允性对会计稳健性的负面影响在进入禁售期后有显著减弱趋势，这可能与股改完成后上市公司通过产权类关联方交易对上市公司的支持行为增加有关。从模型 6 的回归结果可以进一步证实以上结论，股改前上市公司从大股东处购入产权的关联方交易（RPTP_Out）对会计稳健性产生了显著负面影响，但股改完成后这一负面影响显著减弱。

大股东行为变迁与会计信息质量

表 4 - 10　进入禁售期对关联方交易与会计稳健性关系的影响

变量	模型 1		模型 2		模型 3		模型 4		模型 5		模型 6	
	系数	t 值	系数	t 值	系数	t 值	系数	t 值	系数	t 值	系数	t 值
截距	-0.1578***	-4.67	-0.1540***	-4.56	-0.1528***	-4.53	-0.1544***	-4.57	-0.1562***	-4.97	-0.1579***	-5.03
Reform1	0.0028	0.82	0.0037	1.12	0.0024	0.71	0.0044	1.25	0.0049	1.57	0.0042	1.36
RPTC	-0.0114	-1.59										
Reform1 × RPTC	0.0111	1.26										
RPTF			-0.0033	-0.24								
Reform1 × RPTF			0.0044	0.31								
RPTP					-0.0709***	-2.8						
Reform1 × RPTP					0.0815**	2.03						
RPTG							-0.0085	-0.65				
Reform1 × RPTG							-0.0060	-0.32				
RPTP_In									-0.0583	-1.27		
Reform1 × RPTP_In									0.0408	0.52		
RPTP_Out											-0.0641**	-1.98

续表

变量	模型 1 系数	模型 1 t 值	模型 2 系数	模型 2 t 值	模型 3 系数	模型 3 t 值	模型 4 系数	模型 4 t 值	模型 5 系数	模型 5 t 值	模型 6 系数	模型 6 t 值
Reform1 × RPTP_Out											0.0882*	1.76
ROA	0.0095	0.48	0.0098	0.49	0.0091	0.46	0.0094	0.47	0.0062	0.33	0.0052	0.28
Size	0.0025**	2.52	0.0023**	2.32	0.0023**	2.34	0.0022**	2.23	0.0023**	2.54	0.0024***	2.64
Lev	0.1362***	21.21	0.1372***	21.43	0.1365***	21.37	0.1388***	21.24	0.1380***	23.35	0.1382***	23.38
AR (1)	−0.0677**	−2.5	−0.0675**	−2.49	−0.0737**	−2.72	−0.0699***	−2.58	0.1597***	5.95	0.1587***	5.92
Ind	控制		控制		控制		控制		控制		控制	
Year	控制		控制		控制		控制		控制		控制	
DW	1.9910		1.9894		1.9892		1.9904		2.0156		2.0160	
AdjR²	0.6133		0.6127		0.6129		0.6123		0.6347		0.6353	
样本	1 385											

4. 进入解禁期对关联方交易与会计稳健性关系的影响

如表 4 - 11 所示，本书所考察样本从禁售期进入解禁期后无论是会计稳健性，还是关联方交易对会计稳健性的影响均无显著变化。这可能是由于进入解禁期后，大股东所持股票只是一个逐渐获得流通权的过程，在尚未抛售之前，大股东的关联方交易并不会产生显著变化。

（五）对全流通、关联方交易与会计信息质量关系的进一步探讨

1. 股票流通性与会计信息质量

既然全流通的过程中非流通股份逐渐减少，流通股份逐渐增多，上面观察到的全流通过程中关联方交易对会计稳健性负面影响在股改后的显著减弱，应该是与股票流通性有关联，那么是否也可以观察到股票流通性与会计稳健性之间存在的上述关系呢？理论上讲，随着股票流通性的增强，原非流通股股东通过其他方式对上市公司进行利益侵占的动机会有所下降，因为一方面其持股收益可以通过二级市场变现获利得以实现，另一方面随着股票流通性的增强，上市公司股东会变得分散，上市公司会接受更多的监督，这样大股东的自利性行为会受到监控。费尔斯（Firth et al.，2007）[50]发现可流通股比例对上市公司的盈余反应系数有显著正面影响，所以应该可以观察到随着全流通过程中股票流通性的增强，其对会计稳健性的积极作用将得以体现，基于此本章提出假设 3。

假设 3：随着全流通过程中股票流通性的逐渐增强，股票流通性对会计稳健性的积极影响将逐渐得到体现。

本书使用年末流通股股数与总股本数来计算流通股比例（TS）。从表 4 - 12 的 Panel A 可以看出，随着全流通进程的推进，样本公司的流通股份比例有了大幅上升，从股改前流通股份只占上市公司的 38.59%，到股改当年该比例已经达到了上市公司流通股份比例的将近一半（49.49%），到解禁期后该比例已经超过了上市公司总股份的四分之三（75.94%）。

从表 4 - 12 Panel B 对四个时期股票流通性与会计稳健性关系的回归系数可以看出，流通股比例与会计稳健性之间的正相关关系出现在解禁期。这说明随着限售股股票的逐步解禁和抛售，流通股股东的治理效果才真正得到了体现，表现为解禁期内流通股比例与会计稳健性之间的显著正相关关系。

表4-11　　　进入解禁期对关联方交易与会计稳健性关系的影响

变量	RPTC 系数	RPTC t值	RPTF 系数	RPTF t值	RPTP 系数	RPTP t值	RPTG 系数	RPTG t值
截距	0.0700***	8.25	0.0696***	8.21	0.0683***	8.04	0.0697***	8.2
Reform1	0.0002	0.08	0.0003	0.17	-0.0001	-0.05	0.0009	0.44
RPTC	0.0010	0.3						
Reform1 × RPTC	0.0004	0.1						
RPTF			0.0025	1.36				
Reform1 × RPTF			-0.0018	-0.32				
RPTP					-0.0131	-0.66		
Reform1 × RPTP					0.0232	1.15		
RPTG							0.0080	0.9
Reform1 × RPTG							-0.0117	-1.28
ROA	0.0134	1.7	0.0133*	1.69	0.0131*	1.67	0.0129*	1.65
Size	-0.0042***	-10.68	-0.0041***	-10.64	-0.0041***	-10.47	-0.0042***	-10.68
Lev	0.0888***	33.77	0.0886***	33.57	0.0886***	33.76	0.0889***	33.5
AR (1)	-0.0700***	-3.88	-0.0690***	-3.83	-0.0734***	-4.07	-0.0701***	-3.89
Ind	控制		控制		控制		控制	
Year	控制		控制		控制		控制	
DW	2.0061		2.0055		2.0058		2.0064	
AdjR²	0.5294		0.5299		0.5292		0.5298	
样本	3 092							

表4-12

全流通过程流通股比例变化及其对会计稳健性的影响

Panel A: 变量均值变化

	股改前	股改当年	禁售期	解禁期
TS	0.3857	0.4949	0.5621	0.7594

Panel B: 回归结果

变量	股改前		股改当年		禁售期		解禁期	
	系数	t值	系数	t值	系数	t值	系数	t值
截距	0.6020***	11.5	0.1982***	3.3	-0.2716***	-10.57	0.1202***	14.29
TS	0.0073	0.58	0.0153	1.12	-0.0095	-1.42	0.0084***	4.27
ROA	-0.1061***	-4.31	-0.0066	-0.19	0.0232	1.3	0.0024	0.32
Size	-0.0394***	-24.65	-0.0039***	-2.22	0.0070***	7.86	-0.0064***	-17.14
Lev	0.3899***	45.46	0.1143***	10.46	0.1598***	27.39	0.0704***	27.96
AR (1)	-0.2926***	-16.36			-0.0715*	-1.84		
Ind	控制		控制		控制		控制	
Year	控制		控制		控制		控制	
DW	1.9484		2.0187		1.9915		1.9931	
AdjR^2	0.7782		0.6089		0.7503		0.4991	
样本	2 891		697		688		2 404	

注：股改当年和解禁期自变量并不存在严重自相关性，股回归时直接使用 OLS 回归。

2. 全流通过程中大股东"支持"与"掏空"行为的变化

前文的研究结果显示出，全流通虽然带来了大股东日常商业交易类利益侵占的减弱及其对会计稳健性负面影响的减弱，并且大股东与上市公司之间的产权类关联方交易同样在全流通后出现了对会计稳健性的促进作用，但同时也发现抵押担保类关联方交易在全流通前与会计稳健性的正相关关系在全流通后变为显著为负。为了更加深入地考察全流通过程中大股东通过关联方交易对上市公司"支持"与"掏空"行为的变化，本书借鉴王亮等（2010）[232]以及简和王（Jian & Wong, 2010）[82]的方法，将上市公司作为卖方向大股东提供日常商业服务（RPTC_In）、作为卖方向大股东进行产权转让（RPTP_In）、作为买方从大股东处获取资金流或债务转移（RPTF_Out）、作为买方从大股东处获取抵押担保等行为作为大股东的"支持"行为（RPTP_Out），并且在度量中将剔除各类关联方交易年度行业均值后大于 0 的值作为"支持"变量。将上市公司作为买方向大股东购买日常商业服务（RPTC_Out）、作为买方从大股东处转入产权（RPTP_Out）、作为卖方向大股东提供资金流或债务转移（RPTF_In）、作为卖方为大股东提供抵押担保等行为（RPTP_In）作为大股东的"掏空"行为，并且在度量中将剔除各类关联方交易年度行业均值后大于 0 的值作为"掏空"变量。

从表 4 – 13 可以看出，大股东对上市公司的"支持"与"掏空"行为中，日常商业类关联方交易所占比例仍然最高，全流通过程中，大股东通过日常商业类关联方交易"支持"上市公司的比例基本保持在 20% 左右，而通过该类交易"掏空"上市公司的比例从股改前的 18.3% 下降为股改结束后禁售期内的 15.7% 和解禁期的 16.31%，与前文观察到的结果一致。

大股东通过资金债务类"支持"上市公司的比例在全流通过程中显著下降，而通过该类交易"掏空"上市公司的比例则在股改当年上升，随后又小幅下降，但整体比例在全流通过程中变化不大。

大股东通过产权类关联方交易"支持"和"掏空"上市公司的比例均显著提升，并且在解禁期两种方向关联方交易的比例均占总样本的 10%。在全流通过程中大股东通过抵押担保类关联方交易"支持"上市公司的比例普遍较低，虽然整个过程中该比例从 0.73% 上升为 2.62%，但整体比例仍然很低。而大股东通过抵押担保类关联方交易"掏空"上市公司的比例则在全流通过程中显著上升，从股改前的 3.91% 上升为解禁期的 7.07%。

表 4 - 13　全流通过程中大股东"支持"与"掏空"行为的变化

	"支持" 行为				"掏空" 行为			
	股改前	股改当年	禁售期	解禁期	股改前	股改当年	禁售期	解禁期
日常商业类关联方交易								
规模	0.1299	0.1179	0.1667	0.1113	0.1438	0.1229	0.1746	0.1218
上市公司数量	593	153	120	459	529	138	108	392
样本公司总量	2 891	697	688	2 404	2 891	697	688	2 404
占样本公司数量	20.51%	21.95%	17.44%	19.09%	18.30%	19.80%	15.70%	16.31%
资金债务类关联方交易								
规模	0.0690	0.0690	0.1625	0.0903	0.0805	0.0855	0.1583	0.0629
上市公司数量	193	48	26	40	150	50	30	101
样本公司总量	2 891	697	688	2 404	2 891	697	688	2 404
占样本公司数量	6.68%	6.89%	3.78%	1.66%	5.19%	7.17%	4.36%	4.20%
产权交易类关联方交易								
规模	0.0507	0.0577	0.0465	0.1308	0.0639	0.0921	0.0467	0.1361
上市公司数量	156	43	44	223	115	25	36	245
样本公司总量	2 891	697	688	2 404	2 891	697	688	2 404
占样本公司数量	5.40%	6.17%	6.40%	9.28%	3.98%	3.59%	5.23%	10.19%
抵押担保类关联方交易								
规模	0.0803	0.1144	0.0825	0.1833	0.0538	0.1026	0.0929	0.1253
上市公司数量	21	10	13	63	113	29	34	170
样本公司总量	2 891	697	688	2 404	2 891	697	688	2 404
占样本公司数量	0.73%	1.43%	1.89%	2.62%	3.91%	4.16%	4.94%	7.07%

所以整体而言，全流通使大股东通过日常商业类关联方交易"掏空"上市公司比例下降，但是大股东通过抵押担保类关联方交易掏空上市公司的比例却在全流通后显著提升。并且，尽管上文观察到大股东通过产权类关联方交易对上市公司的"支持"行为，但大股东通过产权交易类"掏空"上市公司的动机同样在全流通后有所抬头。

四、本 章 小 结

本章在考察全流通前后关联方交易与会计信息质量变化的基础上，对关联方交易与会计稳健性之间关系在全流通前后的动态变化进行了考察，本章发现全流通后，大股东的"收益共享"动机会提升，但同时其"机会主义"行为仍然存在且变得更加隐蔽。具体而言，本章共有以下几点发现：

第一，全流通后上市公司与大股东之间的关联交易规模整体有显著提升，但是这种提升主要是源于资金债务类、产权类和抵押担保类关联交易规模的提升，日常商业交易类关联方交易规模在全流通前后无显著变化，全流通后上市公司作为买方的关联方交易规模的提升幅度高于上市公司作为卖方的关联交易规模。

第二，全流通后上市公司的会计信息质量显著下降，这一下降部分源于上市公司进入股改程序时，大股东为了降低股改对价支付水平而选择采取更为不稳健的会计核算，股改完成后新会计准则的实施同样对会计稳健性产生了显著负面影响。并且全流通后大股东作为上市公司债权人时，其债权对会计稳健性的需求较全流通前显著减弱。

第三，全流通后日常商业类关联方交易对会计信息质量的负面影响显著减弱，体现出股改后大股东利益回归上市公司的积极效果。但是全流通后大股东侵占上市利益的行为可能变得更加隐蔽，本书发现全流通后抵押担保类关联交易对会计稳健性存在的显著负面影响就是一个佐证。

第四，整体而言，全流通后大股东通过日常商业类关联方交易"掏空"上市公司的行为在减少，但是其通过抵押担保类关联方交易"掏空"上市公司的行为却显著增多，而产权类关联方交易会被大股东同时当做"掏空"和"支持"的工具。

第五章

外部治理机制对大股东
行为监管有效性检验

本章在分析全流通下机构投资者治理、债权人治理和中介机构治理变化的基础上，考察了公司外部治理机制变化对关联方交易与会计信息质量的影响，探讨了公司外部治理机制动态变化过程中的各类"激励"和"制约"因素对关联方交易与会计信息质量关系的"增强"和"减弱"效果，从而验证外部治理机制是否对大股东行为监管有效。

一、理论分析与研究假设

有效的公司治理不仅体现为健全的公司内部治理机制，还需要辅以良好的外部治理机制和制度安排。外部治理机制包括债权人、机构投资者、中介机构和自律组织、经理人市场、供应商、客户、政府等众多上市公司利益相关团体。我国经理人市场尚处于起步阶段，大量上市公司的经理层仍主要以内部选拔方式为主，供应商和客户的外部监督力量仍然很薄弱，故本章对公司外部治理机制的探讨主要从机构投资者、债权人和中介机构三个方面展开。

(一) 机构投资者治理

在我国股权分置改革之前，由于 A 股市场流通股比例较少，股票资源稀缺，使得市场炒作较为容易，再加上相关法律制度执行力度不足，机构投资者投机性较强，对短期利益更为关注，参与上市公司治理的积极性并不高（王琨和肖星，2005）[231]。并且在一股独大的股权结构下，上市公司与其大股东之间具有天然的密切联系，机构投资者所持股份比例无法对大股东形成有效制衡，机构投资者甚至还可能联合上市公司大股东一同来操控股票价格并从中获利（王琨和肖星，2005）[231]。刘峰等（2004）[198]的研究认为，我国上市公司大股东利用控制权来侵占上市公司其他股东利益的行为无法得到有效遏制的一个重要原因就在于机构投资者仍然不活跃，很少会积极和主动地干预上市公司决策，无法对上市公司大股东的行为产生应有的约束作用。

在股权分置改革中，机构投资者与上市公司大股东之间的合谋行为尤为突出。在股改过程中，虽然机构投资者积极参与了股改方案的投票，但是他们不是与其他中小投资者站在一起积极争取更为有利的股改对价，而是与大股东站在了一起。股改方案中机构投资者的数量和持股比例与股改对价支付显著负相关，与股改方案通过的速度显著正相关（Firth et al.，2010）[51]，甚至还存在大股东贿赂基金经理来获取投票通过的事件（Zeng et al.，2011）[135]。

但是随着股改的结束，A 股市场股票流通性不断增强，导致上市公司的股权进一步分散，并且我国相关监管法规不断完善，执法力度进一步增强，机构投资者对上市公司真实价值的关注提升，参与上市公司治理的积极性也相应提高。并且全流通后机构投资者在上市公司的控制权会增多（Campello et al.，2010）[30]，一方面是由于股改方案中作为流通股股东的机构投资者会获得非流通股东的股票对价支付。另一方面，进入我国资本市场的机构投资者数量和规模在不断扩大，伴随着解禁股东股票的减持行为，机构投资者会承接大量股票。

已有研究也部分证实了机构投资者在全流通后的积极作用。汪昌云等（2010）[226]发现股改显著提高了公司业绩，他们认为这是股改促进公司治理结构的完善。股改后大股东治理的正向作用得到完善，并且机构投资者发挥了更加积极的监督作用，控制权市场的威胁也促进了公司治理水平提升。所以，基于以上分析，本章提出假设 1 和假设 2：

假设 1：全流通后机构投资者的治理效果将得到体现，对抑制关联方交易具有积极作用。

假设 2：全流通后机构投资者将对会计信息质量提升具有积极作用。

（二）债权人治理

全流通前，我国债权人治理效果普遍未得到发挥，由于地方政府对银行的干预行为，银行既没有动力也没有能力去监督企业。并且国有控股企业与国有债权人（主要是国有银行）的谈判能力较强，这降低了债权人的债务约束（周晓苏和杨忠海，2010）[298]。例如，陈冬华等（2005）[143]发现企业的财务杠杆与高管的在职消费之间正相关，债权人在抑制高管不良行为方面并未发挥其治理效果，反而导致了高杠杆公司的治理效果更差。并且在我国上市公司将所筹集的借款变更使用用途的现象也时有发生（陈耿和周军，2004）[145]。

全流通后，一方面股改公司的资本结构发生了变化，股改与否与公司资产负债率呈反向变动关系①，越早完成股改的公司的总资产负债率下降得越快（淳伟德和王璞，2010）[157]。另一方面，我国上市公司的债务主要是从银行获取，伴随着各大商业银行均已完成改制上市，成为公众公司的各大银行受到的公众监督力度也显著增强，这使得银行在贷款时变得更加谨慎，并且银行对贷款企业公司治理和财务状况的关注也会有大幅提升，全流通后债权人的治理效果较全流通前会有显著改善，所以本章提出假设3和假设4：

假设3：全流通后债权人的治理效果将得到体现，对抑制关联方交易具有积极作用。

假设4：全流通后债权人将对会计信息质量提升具有积极作用。

（三）中介机构治理

全流通后随着股权分散程度的增大，第二类代理问题会有所缓解，但同时上市公司股东与管理层之间的信息不对称性会增大，第一类问题可能会变得更加突出，审计师在解决信息不对称性中的作用将会受到重视。

全流通前有学者认为由于我国审计师面临的法律风险较低，国际四大会计师事务所的审计质量并不比国内事务所的审计质量高（刘峰等，2002）[199]，但是随着全流通后国际四大会计师事务所"抓大放小"经营战略的转变，使他们在年报审计中放弃了某些规模较小的上市公司，而专注于那些规模较大金融企业以及跨境上市大型企业（王恩山，2011）[227]，这使得国际四大会计师事务所的审计精力更为集中，全流通后国际四大会计师事务所的审计质量可能会得到显著提升。所以，提出本章的假设5和假设6：

假设5：全流通后中介机构的治理效果将得到体现，对抑制关联方交易将具有积极作用。

---

① 由于样本时间跨度的差异，本书第四章并未发现股改（全流通）后资产负债率的下降，这可能是由于有些研究中将股改实施当年也包含在了股改完成之后的样本有关。并且已有研究的样本多为2005~2007年，本书则考虑了2007年之后的样本。

假设6：全流通后中介机构将对会计信息质量提升具有积极作用，并且全流通后国际四大所的审计质量会有显著提升。

二、研究设计

（一）样本选取

本章所使用的机构投资者持股数据和上市公司年报审计师以及年报审计意见数据均来自 RESSET 数据库，上市公司的债权信息来自 CSMAR 财务报表数据库。由于 RESSET 数据库中机构投资者持股数据只有 2001 年及以后的数据，所以本书对外部治理机制的考察样本期间为 2001 ~ 2010 年，在剔除关联方交易和会计稳健性变量缺失样本后，剩余 6 349 个样本数据，其中全流通前样本 3 260 个，全流通后样本 3 089 个。

（二）变量设定

机构投资者治理的代理变量分别选取机构投资者持股比例（Inst_ShareP）和机构投资者对大股东的股权制衡度（Inst_Check）来考察，其中 Inst_ShareP 为年末机构投资者持股比例占上市公司总股本比例，Inst_Check 为机构投资者持股比例与第一大股东持股比例的比值。债权人治理使用年末有息负债与总资产的比值（LoanTA）以及企业年度发行债券和取得借款收到的现金与总资产的比值（Loan_Cash）作为代理变量。中介机构治理则主要考察注册会计师的治理效果，分别考察了审计师是否为四大①（Big4）虚拟变量和审计意见是否为标准审计意见虚拟变量（Opinion）。关联方交易、全流通相关变量以及其他控制变量定义与前文一致。变量具体定义详见表 5 - 1。

_____

① 本书样本中的"四大"包括普华永道、德勤、安永和毕马威在内地的合作所，以及其香港事务所承接的内地 A 股审计业务。早期为国际"五大"包括了 2000 ~ 2001 年样本中审计事务所为安达信的样本，此处只是为了统一名称，所以称之为"四大"。

表 5 – 1　　　　　　　　　　**主要变量定义表**

变量类型	变量名称	符号	定义
会计稳健性变量	会计稳健性	CScore	卡恩和瓦茨（Khan & Watts, 2009）[88] CScore 模型
关联方交易变量	关联方交易	RPT	使用期末资产去规模化后的年度关联方交易总额
	日常商业交易类关联方交易	RPTC	包括商品交易类、提供或接受劳务类、代理与委托类、租赁、许可协议、研究与开发成果类关联方交易
	产权类关联方交易	RPTP	包括资产交易类、托管经营类、非货币性交易、股权交易、合作项目类关联方交易
	资金债务类关联方交易	RPTF	包括资金交易类和债权债务交易类关联方交易
	担保与抵押类关联方交易	RPTG	担保与抵押类关联方交易
机构投资者治理变量	机构投资者持股比例	Inst_ShareP	机构投资者所持股份占上市公司总股份比例
	机构投资者制衡度	Inst_Check	机构投资者持股比例合计数/第一大股东持股比例
债权人治理变量	有息负债/总资产	LoanTA	（短期借款＋一年内到期的长期负债＋长期借款＋企业债券）/总资产
	年度现金借款/总资产	Loan_Cash	（发行债券收到的现金＋取得借款收到的现金）/总资产
中介机构治理变量	审计师是否四大	Big4	是国际四大为 1，否则为 0
	审计意见	Opinion	无保留审计意见为 1，否则为 0
全流通与否	全流通虚拟变量	Reform	虚拟变量，股改完成后的年度为 1，否则为 0
控制变量	盈利水平	ROA	净利润/期末资产
	企业规模	Size	期末资产的自然对数
	负债水平	Lev	期末负债/期末资产
	年度固定效应	Year	年度虚拟变量，10 年，9 个虚拟变量
	行业固定效应	Ind	行业虚拟变量，20 个行业，19 个虚拟变量

三、实证检验与分析

（一）主要变量描述性统计和相关系数矩阵

从表5－2可以看出，样本稳健性指标均值为正，即样本整体存在稳健性，但是中位数小于均值，稳健性存在右偏现象。样本关联方交易的平均规模占总资产的19.31%。机构投资者持股比例均值为23.96%，但相对于第一大股东的持股比例而言，机构投资者持股仍然较少，平均只占第一大股东持股比例的67.2%。有息债务平均占上市公司总体资产的24.61%，年度现金借款平均占总资产的22.53%。有近7%的上市公司的年审事务所为国际四大会计师事务所，样本年报审计意见中有95.87%为标准无保留意见。

表5－2　　　　　　　　　　　　主要变量描述性统计表

变量	样本量	均值	标准差	中位数	最小值	最大值
CScore	6 349	0.0700	0.1053	0.0288	− 0.0818	0.4555
RPT	6 349	0.1931	0.3188	0.1004	0.0000	12.8666
Inst_ShareP	6 349	0.2396	0.2556	0.1245	0.0000	0.9985
Inst_Check	6 349	0.6720	0.7419	0.3313	0.0000	6.2684
LoanTA	6 349	0.2461	0.1588	0.2389	0.0000	0.8092
Loan_Cash	6 349	0.2253	0.1916	0.2330	0.0000	1.6916
Big4	6 349	0.0699	0.2551	0.0000	0.0000	1.0000
Opinion	6 349	0.9587	0.1989	1.0000	0.0000	1.0000
ROA	6 349	0.0304	0.0639	0.0301	− 1.0046	0.4573
Size	6 349	21.5899	1.1148	21.4836	17.7692	27.6163
Lev	6 349	0.4974	0.1816	0.5067	0.0273	0.9970

从表5－3相关系数矩阵可以看出，机构投资者股权制衡与关联方交易规模显著负相关，体现出机构投资者在抑制上市公司与大股东关联方交易方面的积极治理效果。有息债务比率却与关联方交易规模正相关，体现出债务治理整体的无效性，而四大审计，以及标准无保留审计意见均与关联方交易规模负相关，说明中介机构在抑制大股东关联方交易方面的具有积极作用。

表 5 - 3　　　　　　　　　　　主要变量相关系数表

变量	CScore	RPT	Inst_ShareP	Inst_Check	LoanTA	Loan_Cash	Big4	Opinion	ROA	Size	Lev
CScore	1.0000 ***	-0.0291 **	-0.1523 ***	-0.1641 ***	0.2512 ***	0.1478 ***	-0.0584 ***	-0.0694 ***	-0.2044 ***	-0.2082 ***	0.3027 ***
RPT	-0.0013	1.0000	0.0092	-0.0452 ***	0.0324 ***	-0.0279 **	-0.0271 **	-0.0211 *	-0.0199	0.0717 ***	0.0859 ***
Inst_ShareP	-0.2051 ***	-0.0066	1.0000	0.8298 ***	-0.0458 ***	-0.0596 ***	0.0435 ***	0.0680 ***	0.1174 ***	0.0885 ***	0.0247 ***
Inst_Check	-0.2205 ***	-0.0606 ***	0.9396 ***	1.0000	-0.0293 **	-0.0500 ***	-0.0166	0.0448 ***	0.0743 ***	0.0120	0.0454 ***
LoanTA	0.2637 ***	0.1136 ***	-0.0495 ***	-0.0297 **	1.0000	0.6000 ***	-0.0428 ***	-0.0712 ***	-0.2763 ***	0.1854 ***	0.6624 ***
Loan_Cash	0.1851 ***	0.0984 ***	-0.0482 ***	-0.0299 **	0.6755 ***	1.0000	-0.0283 **	-0.0039	-0.1396 ***	0.1204 ***	0.4437 ***
Big4	-0.0663 ***	-0.0429 ***	0.0449 ***	0.0107	-0.0456 ***	-0.0424 ***	1.0000	0.0196	0.0983 ***	0.3079 ***	-0.0237 ***
Opinion	-0.0678 ***	-0.0189	0.0851 ***	0.0695 ***	-0.0672 ***	-0.0062	0.0196	1.0000	0.3173 ***	0.1167 ***	-0.0909 ***
ROA	-0.2015 ***	-0.0561 ***	0.1803 ***	0.1403 ***	-0.3289 ***	-0.2012 ***	0.1197 ***	0.2239 ***	1.0000	0.1908 ***	-0.3128 ***
Size	-0.2109 ***	0.0603 ***	0.1480 ***	0.1086 ***	0.1809 ***	0.1150 ***	0.2340 ***	0.1070 ***	0.1766 ***	1.0000	0.2634 ***
Lev	0.2995 ***	0.1504 ***	0.0380 ***	0.0570 ***	0.6576 ***	0.4704 ***	-0.0257 **	-0.0825 ***	-0.3490 ***	0.2786 ***	1.0000

注: 右上角 Pearson 相关系数矩阵, 左下角为 Spearman 相关系数矩阵。

机构持股比例和机构股权制衡度均与会计稳健性显著负相关，表现为机构治理效果并不理想。两个债务治理代理变量与会计稳健性显著正相关，体现出债务治理的会计稳健性需求。四大审计以及标准无保留审计意见与会计稳健性负相关，已有研究认为这代表了四大的审计质量并不比其他事务所高（刘峰和周福源，2007）[200]，并且可能代表我国会计师事务所的审计质量整体不高。但是本书认为，正如第三章所观察到的结果，由于我国盈利性差（或亏损）的公司的稳健性显著高于盈利性强（盈利）的公司，而经四大审计以及被出具标准无保留审计意见的公司普遍盈利性高，所以才可能导致了本书所选取的两个中介机构治理代理变量与会计稳健性之间的负相关关系，本书在后述内容中对该问题进行了进一步的探讨。

（二）全流通过程中公司外部治理机制变量的变化

从表5－4可以看出，全流通前样本中机构投资者在上市公司的平均持股比例（Inst_ShareP）为22.79%，随着股票流通性的提升，以及我国资本市场上机构投资者数量和规模的扩展，机构投资者持有上市公司股份的比例上升为25.19%，全流通后机构投资者持股比例有2.4个百分点的上升。伴随机构投资者在上市公司股权比例的扩大，机构投资者与上市公司第一大股东之间的制衡度（Inst_Check）也有显著提升，全流通前机构投资者持股数平均占第一大股东持股数的59.63%，全流通后这一比例上升为75.18%，较全流通前有15.55个百分点的提升。可以看出，整体而言全流通后机构投资者在对抗第一大股东的力量上有显著提升。

表5－4　　　　　　　　全流通前后公司外部治理变量的变化

变量	全流通前（1）	全流通后（2）	差异（2）－（1）	F 值
Panel A				
Inst_ShareP	0.2279	0.2519	0.0241 ***	14.08
Check	0.5963	0.7518	0.1555 ***	70.46
Panel B				
LoanTA1	0.2480	0.2442	− 0.0038	0.89
Loan_Cash	0.2532	0.2575	0.0044	0.82

变量	全流通前 （1）	全流通后 （2）	差异 （2）-（1）	F 值
Panel C				
Big4	0.0764	0.0631	-0.0133**	4.28
Opinion_UQF	0.9515	0.9663	0.0148***	8.79
样本量	3 260	3 089		

样本公司债务占资产的规模（LoanTA）在全流通后前后的变动幅度并不大，均保持在企业总资产的 24% 左右，年度现金借款占总资产的比例（Loan_Cash），同样在全流通前后保持在 25% 的水平，即全流通前后样本公司的有息负债的增长速度，以及年度现金借款的规模与资产的扩张速度基本保持一致。

四大审计的上市公司的数量在全流通后有显著下降，全流通前经四大审计的 A 股上市公司占样本整体的 7.70%，全流通后这一比例下降为 6.37%，这说明经四大审计的在国内 A 股上市公司的年度审计业务在全流通后有缩小。标准无保留审计意见占样本审计报告的比例在全流通后有 1 个百分点的上升。

（三） 公司外部治理机制与关联方交易

借鉴第五章对内部治理机制与关联方交易和会计稳健性关系的研究模型。本章分别考察了三类外部治理机制代理变量对关联方交易和会计稳健性的影响①。

1. 机构投资者与关联方交易

从表 5 - 5 Panel A 的回归结果来看，全流通前机构投资者持有上市公司的股份比例（Inst_ShareP）对上市公司与大股东之间的关联方交易回归系数显著为正，体现出机构投资者可能与上市公司大股东之间存在的合谋行为，并且机构投资者的这种合谋行为在上市公司与大股东的日常商业关联方交易中最为显著。全流通与机构投资者持股比例的交叉变量（Reform × Inst_ShareP）对 RPT 的回归系数显著为负，体现出全流通后机构投资者与大股东可能存在的合谋行为的下降。全流通后机构投资者在抑制大股东与上市公司关联方交易的作用在

① 由于本章中机构投资者的两个代理变量以及债权治理的两个代理变量之间的相关性很高，所以在回归中对这些变量单独回归，而没有放入同一个模型回归。

表 5 – 5　　全流通前后机构投资者治理变量对关联方交易的影响

Panel A：机构投资者持股比例

变量	模型 1 – RPT		模型 2 – RPTC		模型 3 – RPTF		模型 4 – RPTP		模型 5 – RPTG	
	系数	t 值	系数	t 值	系数	t 值	系数	t 值	系数	t 值
Intercept	0.0591	0.54	-0.2886***	-4.44	0.0522	0.94	0.1395***	5.98	0.1927***	3.97
Reform	0.0683*	1.85	0.0077	0.39	0.0064	0.3	0.0031	0.35	0.0276*	1.65
Inst_ShareP	0.0790**	2.05	0.0386*	1.91	0.0224	1.02	0.0004	0.05	0.008648	0.49
Reform × Inst_ShareP	-0.1540***	-3.06	-0.0365	-1.37	-0.0448	-1.59	-0.0043	-0.37	-0.0361	-1.59
ROA	0.1079	1.34	0.0627	1.52	0.0034	0.07	0.0273	1.41	-0.0470	-1.29
Size	-0.0006	-0.11	0.0147***	5.08	-0.0022	-0.91	-0.0054***	-5.33	-0.0086***	-4.04
Lev	0.0961***	3.29	-0.0626***	-3.7	0.0419***	2.79	0.0034	0.54	0.1268***	9.72
DA1	-0.1719**	-2.19	-0.0994**	-2.48	-0.0309	-0.67	0.0253	1.32	-0.0360	-1
AR（1）	-0.2753***	-22.75	-0.4821***	-43.71	-0.0391***	-3.11	-0.0731***	-5.83	-0.2408***	-19.71
Ind	控制		控制		控制		控制		控制	
Year	控制		控制		控制		控制		控制	
DW	2.0303		2.0570		1.9999		2.0028		2.0256	
AdjR²	0.0348		0.0625		0.0015		0.0435		0.0430	
样本	6 349		6 349		6 349		6 349		6 349	

续表

Panel B：机构投资者股权制衡度

变量	模型 1 – RPT 系数	t 值	模型 2 – RPTC 系数	t 值	模型 3 – RPTF 系数	t 值	模型 4 – RPTP 系数	t 值	模型 5 – RPTG 系数	t 值
Intercept	0.1177	1.08	-0.2801***	-4.32	0.0687	1.24	0.1388***	5.98	0.215***	4.44
Reform	0.0256	0.74	-0.0053	-0.28	-0.0047	-0.24	0.0078	0.94	0.0131	0.83
Inst_Check	-0.0198	-1.57	-0.0051	-0.77	-0.0035	-0.49	-0.0013	-0.45	-0.0085	-1.49
Reform × Inst_Check	-0.0264*	-1.65	-0.0038	-0.45	-0.0086	-0.96	-0.0048	-1.3	-0.0033	-0.45
ROA	0.1323	1.65	0.0714*	1.73	0.0101	0.22	0.0300	1.55	-0.0423	-1.16
Size	-0.0008	-0.17	0.0151***	5.22	-0.0023	-0.97	-0.0055***	-5.42	-0.0089***	-4.19
Lev	0.0985***	3.37	-0.0624***	-3.69	0.0425***	2.82	0.0036	0.57	0.1279***	9.8
DA1	-0.1762**	-2.24	-0.1005**	-2.51	-0.0319	-0.69	0.0260	1.35	-0.0375	-1.05
AR (1)	-0.2736***	-22.6	-0.4818***	-43.68	-0.0393***	-3.13	-0.0721***	-5.74	-0.2396***	-19.61
Ind	控制		控制		控制		控制		控制	
Year	控制		控制		控制		控制		控制	
DW	2.0302		2.0565		2.0000		2.0026		2.0255	
AdjR²	0.0372		0.0625		0.0019		0.0447		0.0438	
样本	6 349		6 349		6 349		6 349		6 349	

一定程度上得到增强。其中机构投资者对大股东与上市公司之间的产权类关联方交易的抑制作用的提升效果最为明显。

从机构投资者对第一大股东的制衡程度（Inst_Check）与关联方交易的回归结果来看，全流通前机构投资者并未对上市公司与其大股东之间的关联方交易产生显著影响，但是全流通后机构投资者对大股东的高制衡度在抑制大股东与上市公司交易中产生了积极作用，体现为表5－7 Panel B 中 Reform 变量与 Inst_Check 的交叉变量对 RPT 的回归系数显著为负。所以，本章的假设1得到了论证。

2. 债权人与关联方交易

表5－6列示了全流通前后债权人治理变量对大股东与上市公司之间关联方交易的影响。其中表5－6的 Panel A 中全流通前有息负债对关联方交易的回归系数显著为负，体现出债权人在抑制关联方交易方面的积极作用，并且这一积极作用主要体现在对日常商业类关联方交易（RPTC）和资金债务类关联方交易（RPTF）的抑制。这说明对于有息负债比例高的公司，债权人对上市公司与大股东之间的日常商业类和资金债务类关联方交易的关注程度较高，在这两类交易的抑制中发挥了显著积极作用。

值得注意的是，全流通前企业有息债务的比例与抵押担保类关联方交易（RPTG）之间显著正相关，全流通后这一关系并未发生变化。这可能与上市公司的有息债务中多存在大股东为其借款提供的担保行为有关，所以其有息借款的比例越高，大股东为其担保的程度也就越高。

表5－6的 Panel B 中样本公司现金借款变量（Loan_Cash）在全流通前后对各类关联方交易的回归结果与有息债务变量的结果类似。全流通前现金借款对 RPTC 的抑制作用在全流通后未发生变化，全流通前现金借款与 RPTG 之间的正相关关系在全流通后得到了进一步增强，这说明全流通后上市公司现金借款规模越大，其与大股东之间的关联方担保的规模也相应越大。即可能存在全流通后，上市公司在其现金借款中接受来自大股东的抵押担保的程度的显著提升。表5－6的 Panel C 对两类债权人治理变量对不同方向的关联方抵押担保进行了回归，从中可以看出，当上市公司向大股东提供担保时（RPTG_In），两类债权人治理变量全流通前后均与之无显著关系。但是当大股东向上市公司提供担保时（RPTG_Out），无论是有息负债变量还是现金借款变量在全流通前均与大股东提供的抵押担保规模正相关，而全流通后现金借款变量与抵押担保变量的正相关关系还有增强趋势。

所以本章假设3未得证，上市公司债权人的治理效果在全流通后未得到增强，并且全流通后大股东为上市公司借款提供的抵押担保有所增多。

表 5 - 6　全流通前后债权人治理变量对关联方交易的影响

Panel A：有息债务比例

变量	模型 1 - RPT 系数	t 值	模型 2 - RPTC 系数	t 值	模型 3 - RPTF 系数	t 值	模型 4 - RPTP 系数	t 值	模型 5 - RPTG 系数	t 值
Intercept	0.1424	1.32	-0.2866***	-4.5	0.0802	1.47	0.1390***	6.05	0.2310***	4.87
Reform	-0.0306	-1.04	-0.0199	-1.24	-0.0261	-1.55	0.0029	0.42	0.0051	0.38
LoanTA	-0.1304**	-2.53	-0.2095***	-7.14	-0.0523**	-1.97	-0.0021	-0.19	0.1682***	7.39
Reform × LoanTA	0.0760	1.35	0.0400	1.24	0.0373	1.29	-0.0086	-0.71	0.0095	0.38
ROA	0.0937	1.16	0.0384	0.93	-0.0021	-0.04	0.0248	1.27	-0.0146	-0.4
Size	-0.0011	-0.22	0.0152	5.29	-0.0024	-1.01	-0.0054***	-5.28	-0.0092***	-4.37
Lev	0.1542***	3.98	0.0523**	2.36	0.0628***	3.16	0.0071	0.85	0.0233	1.36
DA1	-0.1712**	-2.17	-0.0803**	-2	-0.0311	-0.67	0.0259	1.35	-0.0596*	-1.67
AR (1)	-0.2753***	-22.75	-0.4749***	-42.87	-0.0383***	-3.05	-0.0733***	-5.84	-0.2348***	-19.19
Ind	控制		控制		控制		控制		控制	
Year	控制		控制		控制		控制		控制	
DW	2.0302		2.0537		2.0001		2.0028		2.0255	
AdjR²	0.0344		0.0718		0.0017		0.0436		0.0556	
样本	6 349		6 349		6 349		6 349		6 349	

续表

Panel B: 现金借款比例

变量	模型 1 – RPT		模型 2 – RPTC		模型 3 – RPTF		模型 4 – RPTP		模型 5 – RPTG	
	系数	t 值	系数	t 值	系数	t 值	系数	t 值	系数	t 值
Intercept	0.1453	1.36	−0.2827***	−4.43	0.0764	1.41	0.1411***	6.19	0.2321***	4.91
Reform	−0.0299	−1.05	−0.0098	−0.63	−0.0227	−1.38	0.0008	0.12	−0.0063	−0.5
Loan_Cash	−0.0289	−0.89	−0.0453**	−2.54	−0.0257	−1.48	−0.0089	−1.22	0.0632***	4.36
Reform × Loan_Cash	0.0667	1.48	−0.0010	0.10	0.0230	0.97	0.0007	0.07	0.0488**	2.44
ROA	0.1102	1.38	0.0649	1.58	0.0039	0.08	0.0264	1.37	−0.0435	−1.2
Size	−0.0010	−0.2	0.0152***	5.28	−0.0022	−0.94	−0.0054***	−5.34	−0.0094***	−4.44
Lev	0.0955***	3.01	−0.0414**	−2.29	0.0494***	3	0.0077	1.11	0.0845***	6
DA1	−0.1783**	−2.27	−0.0963**	−2.4	−0.0315	−0.68	0.0260	1.35	−0.0471	−1.32
AR (1)	−0.2761***	−22.82	−0.4791***	−43.36	−0.0382***	−3.04	−0.0733***	−5.84	−0.2363***	−19.32
Ind	控制		控制		控制		控制		控制	
Year	控制		控制		控制		控制		控制	
DW	2.0300		2.0527		2.0001		2.0027		2.0260	
AdjR²	0.0337		0.0637		0.0014		0.0438		0.0524	
样本	6 349		6 349		6 349		6 349		6 349	

续表

Panel C: 关联方抵押担保方向

变量	模型 1 - RPTG_In 系数	t 值	模型 2 - RPTG_Out 系数	t 值	模型 3 - RPTG_In 系数	t 值	模型 4 - RPTG_Out 系数	t 值
Intercept	0.0629***	4.04	0.1802***	3.96	0.0604***	3.9	0.1810***	3.99
Reform	-0.0010	-0.31	0.0091	0.75	0.0006	0.18	-0.0015	-0.13
LoanTA	0.0051	0.75	0.1537***	7.18				
Reform × LoanTA	0.0085	1.23	0.0033	0.15				
Loan_Cash					0.0035	0.83	0.0588***	4.32
Reform × Loan_Cash					0.0014	0.26	0.0401**	2.2
ROA	-0.0110	-1.11	-0.0026	-0.08	-0.0125	-1.27	-0.0296	-0.86
Size	-0.0023***	-3.32	-0.0074***	-3.65	-0.0023***	-3.25	-0.0075***	-3.71
Lev	-0.0043	-0.81	0.0300*	1.83	-0.0008	-0.18	0.0847***	6.29
DA1	0.0004	0.04	-0.0662*	-1.95	0.0012	0.12	-0.0547	-1.61
AR (1)	-0.4149***	-36.23	-0.2170***	-17.66	-0.4153***	-36.27	-0.2164***	-17.61
Ind	控制		控制		控制		控制	
Year	控制		控制		控制		控制	
DW	2.0009		2.0386		2.0015		2.0382	
AdjR²	0.0123		0.0525		0.0119		0.0498	
样本	6 349		6 349		6 349		6 349	

3. 中介机构与关联方交易

表 5 – 7 中的 Panel A 可以看出，整体而言，四大审计在全流通前后均与会计稳健性不存在显著关系。但是分项来看，全流通前，经四大审计的公司的产权类关联方交易的规模较其他公司更大，并且全流通后这一关系也未发生显著变化。该结果似乎体现出四大审计在抑制大股东与上市公司关联方交易方面未与其他会计师事务所存在显著差别，甚至在某些关联方交易中四大所审计公司的规模还更高。

从表 5 – 7Panel B 审计意见的回归结果来看，全流通前标准无保留审计意见对大股东与上市公司之间的关联方交易存在显著负面影响，且这一结果主要出现在资金债务类关联方交易（RPTF）的回归结果中，即全流通前被出具标准无保留审计意见的上市公司大股东与上市公司之间资金债务类关联方交易的规模更小，全流通后审计意见与该类关联方之间的负相关关系未产生变化。同时全流通后标准无保留审计意见公司的产权类关联方交易（RPTF）的规模显著下降，而抵押担保类关联方交易（RPTG）较为显著上升。所以，本章的假设 5 只得到了部分验证。这说明审计师在审计中只对某些上市公司与大股东之间的关联方交易较为关注，而对另外一些类型的交易关注度较低。

（四）公司外部治理机制与会计信息质量

1. 机构投资者与会计信息质量

从表 5 – 8 模型 1 和模型 2 列示的机构投资者相关变量的回归结果可以看出，全流通前机构投资者在上市公司的持股比例以及机构投资者对大股东的制衡程度均对上市公司会计稳健性有显著负面影响，即全流通前机构投资者的治理作用并未得到体现，这可能是由于机构投资者在全流通前并未积极参与上市公司治理，甚至在某些情况下扮演着与上市公司大股东"合谋"的角色。机构投资者的这种偏袒大股东、与其形成利益联盟侵害其他个体流通股股东利益的行为在股权分置改革方案的协商通过中尤为明显。根据证监会对股权分置改革投票方案的规定，流通股股东的赞成票比例必须超过所有参与投票流通股份的 2/3 时股改方案方可通过。股权分置改革实施之前我国 A 股上市公司约有 30% 的股份为流通股，流通股股东参与股改投票的比例约为 35%（Zeng et al.，2011）[135]，这意味着占有 3.5%（30% × 35% × 1/3）投票权的流通股股东就可以否决某一公司的股改方案。作为占有流通股股份大多数的机构投资者持股比例较大，在股改中也明显要比个人投资者更为积极（Firth et al.，2010）[51]。但是机构投资者的这种积极性所表现出来的是，机构投资者持股比例越高，股

表 5 - 7　　　　全流通前后中介机构治理变量对关联方交易的影响

Panel A: 四大审计与否

变量	模型 1 - RPT 系数	模型 1 - RPT t 值	模型 2 - RPTC 系数	模型 2 - RPTC t 值	模型 3 - RPTF 系数	模型 3 - RPTF t 值	模型 4 - RPTP 系数	模型 4 - RPTP t 值	模型 5 - RPTG 系数	模型 5 - RPTG t 值
Intercept	0.0643	0.57	-0.3102***	-4.67	0.0560	0.99	0.1563***	6.55	0.1905***	3.82
Reform	-0.0088	-0.34	-0.0093	-0.65	-0.0161	-1.05	0.0009	0.15	0.0093	0.79
Big4	-0.0071	-0.3	-0.0057	-0.41	-0.0002	-0.02	0.0093*	1.8	-0.0043	-0.4
Reform×Big4	-0.0533	-1.51	-0.0230	-1.11	-0.0161	-0.9	-0.0022	-0.29	-0.0143	-0.9
ROA	0.1048	1.31	0.0655	1.59	0.0022	0.05	0.0270	1.4	-0.0507	-1.39
Size	0.0023	0.46	0.0165***	5.47	-0.0014	-0.57	-0.0061***	-5.73	-0.0078***	-3.48
Lev	0.0947***	3.23	-0.0639***	-3.77	0.0414***	2.75	0.0045	0.7	0.1262***	9.63
DA1	-0.0810**	-2.3	-0.1011**	-2.52	-0.0339	-0.73	0.0245	1.28	-0.0384	-1.07
AR (1)	-0.2743***	-22.66	-0.4815***	-43.64	-0.0385***	-3.06	-0.0729***	-5.81	-0.2419***	-19.81
Ind	控制		控制		控制		控制		控制	
Year	控制		控制		控制		控制		控制	
DW	2.0291		2.0560		2.0001		2.0026		2.0265	
AdjR²	0.0342		0.0625		0.0013		0.0441		0.0427	
样本	6 349		6 349		6 349		6 349		6 349	

续表

Panel B: 审计意见类型

变量	模型 1 – RPT 系数	模型 1 – RPT t 值	模型 2 – RPTC 系数	模型 2 – RPTC t 值	模型 3 – RPTF 系数	模型 3 – RPTF t 值	模型 4 – RPTP 系数	模型 4 – RPTP t 值	模型 5 – RPTG 系数	模型 5 – RPTG t 值
Intercept	0.1722	1.57	-0.2790***	-4.28	0.1017*	1.83	0.1359***	5.8	0.2288***	4.69
Reform	-0.0499	-1.06	0.0006	0.02	-0.0495*	-1.83	0.0206*	1.84	-0.0233	-1.09
Opinion	-0.0483*	-1.85	-0.0057	-0.42	-0.0303**	-2.02	0.0006	0.1	-0.0106	-0.89
Reform × Opinion	0.0389	0.96	-0.0117	-0.55	0.0334	1.45	-0.0205**	-2.14	0.0328*	1.78
ROA	0.1343	1.64	0.0757*	1.8	0.0184	0.38	0.0342*	1.72	-0.0529	-1.42
Size	-0.0006	-0.12	0.0153***	5.27	-0.0022	-0.94	-0.0052***	-5.13	-0.0091***	-4.27
Lev	0.0961***	3.28	-0.0628***	-3.72	0.0414***	2.75	0.0033	0.52	0.1272***	9.73
DA1	-0.1795**	-2.28	-0.1006**	-2.51	-0.0340	-0.73	0.0250	1.31	-0.0385	-1.07
AR (1)	-0.2763***	-22.84	-0.4833***	-43.86	-0.0385***	-3.06	-0.0721***	-5.75	-0.2416***	-19.78
Ind	控制		控制		控制		控制		控制	
Year	控制		控制		控制		控制		控制	
DW	2.0308		2.0577		2.0001		2.0026		2.0266	
AdjR²	0.0339		0.0621		0.0017		0.0446		0.0428	
样本	6 349		6 349		6 349		6 349		6 349	

表5-8

全流通前后外部治理变量对会计稳健性的影响

变量	模型 1		模型 2		模型 3		模型 4		模型 5		模型 6	
	系数	t 值	系数	t 值	系数	t 值	系数	t 值	系数	t 值	系数	t 值
Intercept	0.2757***	14.28	0.2673***	13.79	0.2170***	11.81	0.2366***	12.64	0.2589***	13.1	0.2579***	13.22
Reform	-0.0153***	-2.6	-0.0058	-0.98	0.0514***	10.44	0.0334***	6.93	0.0088**	2	-0.0033	-0.41
Inst × ShareP	-0.0212***	-4.46										
Reform × Inst_ShareP	0.0553***	6.21										
Inst × Check			-0.0105***	-4.87								
Reform × Inst_Check			0.0118***	4.31								
LoanTA					0.0823***	9.41						
Reform_LoanTA					-0.1616***	-16.85						
Loan_Cash							0.0336***	6.03				
Reform × Loan_Cash							-0.0836***	-10.81				
Big4									-0.0177***	-4.18		
Reform × Big4									0.0376***	6.02		

续表

变量	模型 1		模型 2		模型 3		模型 4		模型 5		模型 6	
	系数	t 值	系数	t 值	系数	t 值	系数	t 值	系数	t 值	系数	t 值
Opinion											-0.0044	-0.98
Reform × Opinion											0.0153***	2.21
ROA	-0.0255**	-2.17	-0.0231**	-1.97	-0.0299***	-2.58	-0.0283**	-2.43	-0.0233**	-1.99	-0.0267**	-2.2
Size	-0.016***	-18.71	-0.016***	-18.56	-0.0154***	-18.67	-0.0159***	-18.83	-0.0162***	-18.13	-0.0161***	-18.63
Lev	0.2171***	42.63	0.2169***	42.33	0.2153***	33.02	0.2213***	40.71	0.2158***	42.29	0.2160***	42.19
AR (1)	-0.3455***	-29.25	-0.3558***	-30.25	-0.3117***	-26.07	-0.3333***	-28.08	-0.3436***	-29.07	-0.3521***	-29.89
Ind	控制		控制		控制		控制		控制		控制	
Year	控制		控制		控制		控制		控制		控制	
DW	1.9475		1.9550		1.9545		1.9504		1.9267		1.9522	
AdjR^2	0.7232		0.7224		0.7342		0.7269		0.7231		0.7216	
样本	6 349		6 349		6 349		6 349		6 349		6 349	

改方案的补偿比率越低，股改方案修订的可能性也较小（吴德胜等，2008[242]；Zeng et al.，2011[135]）。

但是机构投资者的这种消极参与治理的行为在全流通后有了显著改善，全流通虚拟变量与机构投资者持股比例的交叉变量（Reform × Inst_ShareP）以及全流通虚拟变量与机构投资者制衡度的交叉变量（Reform × Inst_Check）对会计稳健性的回归系数均显著为正，说明全流通后机构投资者持股比例越高，对第一大股东制衡程度越高，公司的会计稳健性水平也越高，全流通后机构投资者本身积极参与了公司治理，对上市公司会计信息质量的要求有显著提升，从而验证了本章的假设2。

2. 债权人与会计信息质量

表5-8模型3和模型4中债权人治理代理变量LoanTA和Loan_Cash的回归结果均显示出全流通前企业债务比重越高，会计稳健性越高，这体现出债权人对会计稳健性的较强需求。但是全流通后，债务比例对会计稳健性的正面促进作用显著减弱，这说明全流通后债权人治理有恶化趋势。联系上文发现的全流通后大股东与上市公司之间的担保规模与上市公司的借款程度的正向增长，这可能是由于大股东为上市公司提供担保后，对债权人在其债务比例保障的情况下，对会计稳健性的需求显著下降有关。本章假设4未得到验证。

3. 中介机构与会计信息质量

从表5-8模型5和模型6所得到的中介机构治理效果来看，全流通前经四大审计的上市公司的会计稳健性反而更差。若以会计稳健性作为会计信息质量的代理变量，该结果说明四大会计师事务所并未体现出应有的高审计质量，甚至其所审计的上市公司的会计稳健性低于其他非四大所审计的样本公司。这与刘峰和周福源（2007）[200]的研究结论有相似之处。刘峰和周福源（2007）[200]的研究发现，在我国，国际四大会计师事务所并未能够像其他国家的四大那样提供高的审计质量，他们认为这与我国法制监管体系的不健全有关。在全流通后四大审计对稳健性的负面影响得到显著扭转，四大审计与是否全流通的交叉变量对会计稳健性的回归系数显著为正。本书认为，虽然全流通后四大在上市公司审计师中所占比例有所下降，但是四大所剩余的客户更多的是优质客户，随着近年四大采取的"抓大放小"的客户选取策略，国际四大会计师事务所在我国A股市场的审计范围虽然有缩小，但他们更为注重优质客户，在放弃了那些信息质量较差的客户后，四大的审计客户的信息质量有了显著改善。

表5-9中Panel A对全流通前后四大和非四大审计的A股样本的相关信息特征进行了比较，全流通前被四大审计的上市公司会计稳健性显著低于非四

大审计公司,而全流通后这两类公司会计稳健性上的差异已经消失。全流通前两类公司大股东与上市公司之间的关联方交易没有显著差异,全流通后经四大审计的上市公司的关联方交易规模显著较小。全流通前后经四大审计的上市公司的盈利性和规模显著高于非四大审计的公司。不过经四大审计的公司的资产负债率在全流通前较低,但全流通后有了显著提升。本书认为全流通前经四大审计的公司的稳健性显著低还与其审计的公司的盈利水平较高有关。本书第三章就已发现会计稳健性与业绩水平(ROA)显著负相关,并且亏损公司的稳健性显著高于盈利公司。

　　从表5-8中审计报告类型与会计稳健性的关系可以看出,全流通前审计意见与会计稳健性之间并不存在显著关系,而全流通带来了两者关系的显著正向变动,即全流通后,被出具标准审计意见报告的样本公司的会计稳健性显著较高。这一方面体现了中介机构在全流通后治理效果的改善,另一方面也体现了审计质量的整体提升。从表5-9的Panel B可以更清楚地看出被出具非标报告上市公司的各项财务指标特征。无论是全流通前还是全流通后,被出具非标报告的上市公司均为亏损公司,且规模较小、债务杠杆率较高,并且操控性应计为负,即存在"大洗澡"行为。正是由于这种"大洗澡"行为,全流通前后被出具非标报告样本的会计稳健性显著高于被出具标准无保留审计报告的样本。本章假设6得到验证。

表5-9　　　　　　　　全流通前后不同审计变量下客户的特征比较

Panel A:四大审计客户 VS 非四大客户

变量	全流通前				全流通后			
	四大审计	非四大审计	差异	F 值	四大审计	非四大审计	差异	F 值
CScore	0.0706	0.1200	-0.0494 ***	35.05	0.0181	0.0214	-0.0033	1.79
RPT	0.1701	0.1749	-0.0047	0.08	0.1507	0.2169	-0.0662 ***	5.65
ROA	0.0535	0.0238	0.0297 ***	57.36	0.0530	0.0337	0.0193 ***	14.97
Size	22.3196	21.2496	1.0701 ***	320.51	23.5075	21.7519	1.7556 ***	441.45
Lev	0.4311	0.4807	-0.0496 ***	18.16	0.5463	0.5172	0.0291 **	4.57
DA	0.0171	0.0038	0.0133 ***	12.1	0.0066	0.0044	0.0022	0.19
样本量	249	3 011			195	2 894		

Panel B:非标报告样本 VS 标准报告样本

变量	全流通前				全流通后			
	非标报告	标准报告	差异	F 值	非标报告	标准报告	差异	F 值
CScore1	0.1486	0.1146	0.0340 ***	10.79	0.0392	0.0205	0.0187 ***	32.64
RPT	0.2205	0.1722	0.0484 **	5.63	0.2329	0.2120	0.0209	0.31
ROA	-0.0630	0.0306	0.0936 ***	412.36	-0.0740	0.0387	-0.1127 ***	307.89

续表

Panel B：非标报告样本 VS 标准报告样本

变量	全流通前				全流通后			
	非标报告	标准报告	差异	F 值	非标报告	标准报告	差异	F 值
Size	21.0583	21.3452	− 0.2868 ***	13.77	20.8173	21.8992	− 1.0819 ***	82.85
Lev	0.5654	0.4724	0.0930 ***	42.07	0.5945	0.5164	0.0781 ***	18.19
DA	− 0.0464	0.0074	− 0.0538 ***	135.09	− 0.0512	0.0065	− 0.0577 ***	75.14
样本量	158	3 102			104	2 985		

（五）公司外部治理对关联方交易与会计信息质量关系的影响

借鉴本书第五章中公司内部治理机制对关联方交易与会计信息质量关系的影响模型，本书在分别考察公司外部治理机制对关联方交易和会计稳健性的基础上，进一步考察了外部治理变量对关联方交易与会计稳健性的关系。

1. 机构投资者对关联方交易与会计信息质量关系的影响

从表 5 - 10 的 Panel A 可以看出，全流通前除抵押担保类关联方交易外其他关联方交易对会计稳健性有负面影响，并且全流通前机构投资者持股比例同样也对会计稳健性有负面影响，即机构投资者的治理效果并不好。但是全流通后机构投资者持股比例对会计稳健性的负面影响有显著改善，并且机构投资者对日常商业交易类关联方交易（RPTC）在全流通前与会计稳健性的负相关关系有显著改善，体现出机构投资者在全流通后的治理效果。

从表 5 - 10 的 Panel B 可以看出，机构投资者对大股东的股权制衡度在全流通前同样未发挥积极治理效果，但是该积极效果并未体现在关联方交易与会计稳健性关系中，相反，全流通后机构投资者的股权制衡度反而对全流通后已经改善的资金债务类关联方交易与会计稳健性的关系产生了显著负面影响。

2. 债权人对关联方交易与会计信息质量关系的影响

从表 5 - 11 的 Panel A 可以看出，全流通前有息负债对会计稳健性存在的正相关关系在全流通后有显著恶化，体现出债权人治理效果在全流通后的减弱。但是在对关联方交易与会计稳健性关系的影响上，有息负债却对全流通后资金债务类关联方交易与会计稳健性之间的关系有显著正面促进作用。

从表 5 - 11 的 Panel B 可以看出，全流通前现金借款对会计稳健性的正面影响，在全流通后同样显著减弱。并且现金借款对全流通前后关联方交易与会计稳健性的关系未产生影响。

3. 中介机构对关联方交易与会计信息质量的影响

从表 5 - 12 的 Panel A 可以看出，全流通前四大审计与会计稳健性显著负

表 5 - 10 机构投资者对关联方交易与会计稳健性关系的影响

Panel A: 机构投资者持股比例

变量	模型 1 系数	模型 1 t 值	模型 2 系数	模型 2 t 值	模型 3 系数	模型 3 t 值	模型 4 系数	模型 4 t 值	模型 5 系数	模型 5 t 值
Intercept	0.2762***	14.33	0.2732***	14.16	0.2762***	14.3	0.2765***	14.29	0.2755***	14.36
Reform	-0.0170***	-2.67	-0.0157**	-2.49	-0.0169***	-2.69	-0.0171***	-2.71	-0.0126**	-2
RPT	-0.0083**	-2.07								
RPTC			-0.0173***	-3.44						
RPTF					-0.0201**	-2.42				
RPTP							-0.0288	-1.5		
RPTG									0.0437***	5.12
Inst_ShareP	-0.0288***	-4.38	-0.0286***	-4.35	-0.029***	-4.42	-0.0293***	-4.47	-0.0296***	-4.52
Reform × RPT	0.0053	0.93								
Reform × RPTC			-0.0013	-0.45						
Reform × RPTF					0.0257*	1.9				
Reform × RPTP							0.0374	1.64		
Reform × RPTG									-0.0551***	-4.9
Reform × Inst_ShareP	0.0517***	5.7	0.0482***	5.51	0.0535***	6.2	0.0537***	6.18	0.0556***	6.34
Reform × RPT × Inst_ShareP	0.0042	0.3								

续表

Panel A：机构投资者持股比例

变量	模型 1 系数	模型 1 t 值	模型 2 系数	模型 2 t 值	模型 3 系数	模型 3 t 值	模型 4 系数	模型 4 t 值	模型 5 系数	模型 5 t 值
Reform × RPTC × Inst_ShareP			0.0426***	2.81						
Reform × RPTF × Inst_ShareP					−0.0224	−0.49				
Reform × RPTP × Inst_ShareP							−0.0116	−0.26		
Reform × RPTG × Inst_ShareP									−0.0496	−1.4
ROA	−0.0256**	−2.17	−0.0252**	−2.15	−0.0258**	−2.19	−0.0255**	−2.16	−0.0255**	−2.17
Size	−0.0160***	−18.71	−0.0159***	−18.54	−0.016***	−18.71	−0.016***	−18.69	−0.0161***	−18.95
Lev	0.2176***	42.72	0.2165***	42.49	0.2173***	42.65	0.2171***	42.62	0.2163***	42.34
AR (1)	−0.3428***	−28.99	−0.3389***	−28.61	−0.3456***	−29.25	−0.3452***	−29.21	−0.3359***	−28.33
Ind	控制		控制		控制		控制		控制	
Year	控制		控制		控制		控制		控制	
DW	1.9456		1.9440		1.9453		1.9471		1.9427	
AdjR²	0.7234		0.7239		0.7234		0.7232		0.7250	
样本	6 349		6 349		6 349		6 349		6 349	

续表

Panel B: 机构投资者制衡度

变量	模型 1 系数	模型 1 t 值	模型 2 系数	模型 2 t 值	模型 3 系数	模型 3 t 值	模型 4 系数	模型 4 t 值	模型 5 系数	模型 5 t 值
Intercept	0.2685***	13.88	0.2656***	13.79	0.2693***	13.89	0.2681***	13.79	0.2664***	13.83
Reform	-0.0075	-1.24	-0.0092	-1.54	-0.0067	-1.13	-0.0065	-1.08	-0.0012	-0.21
RPT	-0.0097**	-2.4								
RPTC			-0.0296***	-4.97						
RPTF					-0.0209**	-2.53				
RPTP							-0.0292	-1.53		
RPTG									0.0423***	4.95
Inst_Check	-0.0106***	-4.94	-0.0107***	-4.97	-0.0105***	-4.88	-0.0105***	-4.88	-0.0101***	-4.7
Reform × RPT	0.007918	1.49								
Reform × RPTC			0.0317***	3.11						
Reform × RPTF					0.0319***	2.96				
Reform × RPTP							0.0352	1.55		
Reform × RPTG									-0.055***	-4.96
Reform × Inst_Check	0.012***	4.24	0.012***	4.31	0.0123***	4.46	0.0118***	4.27	0.012***	4.28
Reform × RPT × Inst_Check	-0.0009	-0.19								

续表

续表

Panel B: 机构投资者制衡度

变量	模型 1		模型 2		模型 3		模型 4		模型 5	
	系数	t 值	系数	t 值	系数	t 值	系数	t 值	系数	t 值
Reform × RPTC × Inst_Check			0.0018	0.25						
Reform × RPTF × Inst_Check					-0.0294*	-1.84				
Reform × RPTP × Inst_Check							0.0012	0.07		
Reform × RPTG × Inst_Check									-0.0159	-1.32
ROA	-0.0230*	-1.96	-0.0225*	-1.92	-0.023*	-1.96	-0.023*	-1.95	-0.0232**	-1.97
Size	-0.0159***	-18.58	-0.0158***	-18.43	-0.016***	-18.64	-0.016***	-18.55	-0.0161***	-18.81
Lev	0.2175***	42.47	0.2160***	42.35	0.2174***	42.42	0.2168***	42.31	0.2161***	42.05
AR (1)	-0.3520***	-29.87	-0.3429***	-28.99	-0.3552***	-30.18	-0.3554***	-30.2	-0.3461***	-29.3
Ind	控制		控制		控制		控制		控制	
Year	控制		控制		控制		控制		控制	
DW	1.9520		1.9481		1.9526		1.9545		1.9494	
AdjR²	0.7226		0.7236		0.7227		0.7224		0.7241	
样本	6 349		6 349		6 349		6 349		6 349	

表 5 - 11　债权人治理对关联方交易与会计稳健性关系的影响

Panel A: 有息负债比例

变量	模型 1 系数	模型 1 t值	模型 2 系数	模型 2 t值	模型 3 系数	模型 3 t值	模型 4 系数	模型 4 t值	模型 5 系数	模型 5 t值
Intercept	0.2174***	11.87	0.2146***	11.71	0.2181***	11.88	0.2179***	11.82	0.2177***	11.84
Reform	0.0508***	10.02	0.0489***	9.73	0.0520***	10.52	0.0509***	10.26	0.0517***	10.47
RPT	-0.0109***	-2.76								
RPTC			-0.0234***	-4.03						
RPTF					-0.0201**	-2.45				
RPTP							-0.0226	-1.19		
RPTG									0.0235***	2.75
LoanTA	0.0819***	9.39	0.0784***	8.92	0.0812***	9.29	0.0822***	9.4	0.0777***	8.76
Reform × RPT	0.0039	0.61								
Reform × RPTC			0.0193**	2.02						
Reform × RPTF					-0.0248	-1.2				
Reform × RPTP							0.0260	1.07		
Reform × RPTG									-0.0317**	-2.52
Reform × LoanTA	-0.1673***	-15.93	-0.1605***	-16.18	-0.1661***	-17.02	-0.1612***	-16.49	-0.1546***	-15.08
Reform × RPT × LoanTA	0.0233	1.19								

续表

Panel A: 有息负债比例

变量	模型 1		模型 2		模型 3		模型 4		模型 5	
	系数	t 值	系数	t 值	系数	t 值	系数	t 值	系数	t 值
Reform × RPTC × LoanTA			0.0199	0.62						
Reform × RPTF × LoanTA					0.1668**	2.45				
Reform × RPTP × LoanTA							-0.0028	-0.05		
Reform × RPTG × LoanTA									-0.0089	-0.24
ROA	-0.0296**	-2.56	-0.0295**	-2.55	-0.0301***	-2.6	-0.0297**	-2.57	-0.0299***	-2.59
Size	-0.0153***	-18.65	-0.0152***	-18.45	-0.0154***	-18.73	-0.0154***	-18.66	-0.0154***	-18.7
Lev	0.2162***	33.18	0.2160***	33.24	0.2165***	33.17	0.2153***	33.01	0.2154***	33.06
AR (1)	-0.3078***	-25.7	-0.3039***	-25.33	-0.3117***	-26.05	-0.3113***	-26.02	-0.3105***	-25.95
Ind	控制		控制		控制		控制		控制	
Year	控制		控制		控制		控制		控制	
DW	1.9521		1.9512		1.9527		1.9539		1.9539	
AdjR²	0.7346		0.7351		0.7346		0.7342		0.7346	
样本	6 349		6 349		6 349		6 349		6 349	

续表

Panel B: 现金借款比例

变量	模型 1 系数	模型 1 t 值	模型 2 系数	模型 2 t 值	模型 3 系数	模型 3 t 值	模型 4 系数	模型 4 t 值	模型 5 系数	模型 5 t 值
Intercept	0.2374***	12.7	0.2338***	12.55	0.2368***	12.65	0.2372***	12.64	0.2362***	12.64
Reform	0.0317***	6.37	0.0303***	6.18	0.0331***	6.84	0.0330***	6.8	0.0350***	7.24
RPT	-0.0101**	-2.52								
RPTC			-0.0277***	-4.7						
RPTF					-0.0204**	-2.47				
RPTP							-0.0219	-1.14		
RPTG									0.0358***	4.18
Loan_Cash	0.0336***	6.04	0.0323***	5.81	0.0334***	6	0.0333***	5.97	0.0308***	5.5
Reform×RPT	0.0089	1.39								
Reform×RPTC			0.0306***	3.24						
Reform×RPTF					0.0129	0.81				
Reform×RPTP							0.0229	0.94		
Reform×RPTG									-0.0514***	-3.68
Reform×Loan_Cash	-0.0835***	-9.59	-0.0820***	-10.26	-0.0845***	-10.72	-0.0838***	-10.58	-0.0791***	-9.65
Reform×RPT×Loan_Cash	-0.0021	-0.12								

续表

Panel B: 现金借贷比例

变量	模型 1 系数	模型 1 t 值	模型 2 系数	模型 2 t 值	模型 3 系数	模型 3 t 值	模型 4 系数	模型 4 t 值	模型 5 系数	模型 5 t 值
Reform × RPTC × Loan_Cash			-0.0073	-0.26						
Reform × RPTF × Loan_Cash					0.0328	0.61				
Reform × RPTP × Loan_Cash							0.0160	0.31		
Reform × RPTG × Loan_Cash									0.0092	0.28
ROA	-0.0284**	-2.43	-0.0280**	-2.4	-0.0285**	-2.45	-0.0282**	-2.42	-0.0280**	-2.4
Size	-0.0158***	-18.82	-0.0156***	-18.62	-0.0158***	-18.81	-0.0159***	-18.81	-0.0159***	-18.88
Lev	0.2218***	40.84	0.2206***	40.74	0.2215***	40.73	0.2212***	40.7	0.2200***	40.42
AR (1)	-0.3296***	-27.73	-0.3231***	-27.12	-0.3337***	-28.11	-0.3330***	-28.05	-0.3294***	-27.71
Ind	控制		控制		控制		控制		控制	
Year	控制		控制		控制		控制		控制	
DW	1.9479		1.9465		1.9487		1.9500		1.9489	
AdjR^2	0.7271		0.7280		0.7270		0.7268		0.7278	
样本	6 349		6 349		6 349		6 349		6 349	

表5-12 债权人治理对关联方交易与会计稳健性关系的影响

Panel A: 四大审计与否

变量	模型1 系数	模型1 t值	模型2 系数	模型2 t值	模型3 系数	模型3 t值	模型4 系数	模型4 t值	模型5 系数	模型5 t值
Intercept	0.2601***	13.18	0.2563***	13.03	0.2596***	13.13	0.2594***	13.09	0.2611***	13.26
Reform	0.0074	1.64	0.0058	1.3	0.0082*	1.85	0.0083*	1.86	0.0124***	2.78
RPT	-0.0094**	-2.33								
RPTC			-0.0290***	-4.89						
RPTF					-0.0210**	-2.53				
RPTP							-0.0278	-1.45		
RPTG									0.0426***	4.98
Big4	-0.0179***	-4.23	-0.0180***	-4.28	-0.0177***	-4.19	-0.0176***	-4.16	-0.0168***	-4
Reform×RPT	0.0076	1.62								
Reform×RPTC			0.0330***	4.26						
Reform×RPTF					0.0216**	2.36				
Reform×RPTP							0.0363*	1.68		
Reform×RPTG									-0.0596***	-5.88
Reform×Big4	0.0420***	6.03	0.0380***	5.73	0.0389***	6.14	0.0387***	6.1	0.0398***	6.13
Reform×RPT×Big4	-0.0254	-1.39								

续表

Panel A: 四大审计与否

变量	模型 1 系数	模型 1 t 值	模型 2 系数	模型 2 t 值	模型 3 系数	模型 3 t 值	模型 4 系数	模型 4 t 值	模型 5 系数	模型 5 t 值
Reform × RPTC × Big4			-0.0047	-0.17						
Reform × RPTF × Big4					-0.1124	-1.14				
Reform × RPTP × Big4							-0.0351	-1.01		
Reform × RPTG × Big4									-0.0793*	-1.74
ROA	-0.0232**	-1.98	-0.0228*	-1.94	-0.0235**	-2	-0.0233**	-1.99	-0.0231**	-1.98
Size	-0.0162***	-18.14	-0.0160***	-17.95	-0.0162***	-18.13	-0.0163***	-18.1	-0.0164***	-18.39
Lev	0.2164***	42.42	0.2148***	42.27	0.2160***	42.31	0.2158***	42.28	0.2150***	42
AR (1)	-0.3405***	-28.77	-0.3313***	-27.89	-0.3441***	-29.11	-0.3434***	-29.04	-0.3357***	-28.31
Ind	控制		控制		控制		控制		控制	
Year	控制		控制		控制		控制		控制	
DW	1.9486		1.9450		1.9491		1.9506		1.9475	
AdjR²	0.7235		0.7244		0.7234		0.7232		0.7249	
样本	6 349		6 349		6 349		6 349		6 349	

续表

Panel B：标准审计意见与否

变量	模型 1 系数	模型 1 t值	模型 2 系数	模型 2 t值	模型 3 系数	模型 3 t值	模型 4 系数	模型 4 t值	模型 5 系数	模型 5 t值
Intercept	0.2589***	13.3	0.2555***	13.18	0.2593***	13.3	0.2582***	13.21	0.2568***	13.24
Reform	-0.0091	-1.01	-0.0091	-1.1	-0.0031	-0.39	-0.0053	-0.64	0.0016	0.18
RPT	-0.0093**	-2.29								
RPTC			-0.0290***	-4.85						
RPTF					-0.0213***	-2.57				
RPTP							-0.0278	-1.45		
RPTG									0.0433***	5.06
Opinion	-0.0049	-1.1	-0.0045	-1.01	-0.0050	-1.12	-0.0043	-0.96	-0.0033	-0.74
Reform × RPT	0.0244	1.31								
Reform × RPTC			0.0696**	2.24						
Reform × RPTF					-0.0285	-0.43				
Reform × RPTP							0.0641	1.49		
Reform × RPTG									-0.0650	-1.47
Reform × Opinion	0.0198**	2.46	0.0182**	2.5	0.0146**	2.06	0.0168**	2.34	0.0141*	1.84
Reform × RPT × Opinion	-0.0178	-0.97								

续表

Panel B: 标准审计意见与否

变量	模型 1		模型 2		模型 3		模型 4		模型 5	
	系数	t 值	系数	t 值	系数	t 值	系数	t 值	系数	t 值
Reform × RPTC × Opinion			-0.0380	-1.23						
Reform × RPTF × Opinion					0.0502	0.76				
Reform × RPTP × Opinion							-0.0313	-0.79		
Reform × RPTG × Opinion									0.0028	0.07
ROA	-0.0263**	-2.18	-0.0259***	-2.14	-0.0269**	-2.22	-0.0268**	-2.22	-0.0273**	-2.26
Size	-0.0160***	-18.62	-0.0159***	-18.47	-0.0161***	-18.65	-0.0161***	-18.6	-0.0161***	-18.84
Lev	0.2166***	42.33	0.2153***	42.21	0.2163***	42.23	0.2160***	42.19	0.2149***	41.88
AR (1)	-0.3486***	-29.54	-0.3399***	-28.7	-0.3517***	-29.84	-0.3516***	-29.83	-0.3432***	-29.02
Ind	控制		控制		控制		控制		控制	
Year	控制		控制		控制		控制		控制	
DW	1.9493		1.9462		1.9499		1.9517		1.9474	
AdjR²	0.7219		0.7229		0.7218		0.7217		0.7233	
样本	6 349		6 349		6 349		6 349		6 349	

相关，全流通后该结果发生显著逆转，体现为 Big4 与 Reform 交叉变量回归系数显著为正。但是在对全流通后关联方交易与会计稳健性的影响方向，四大审计却对全流通后显著恶化的抵押担保类关联方交易与会计稳健性的关系有进一步的负面影响。

从表 5 - 12 的 Panel B 可以看出，全流通后被出具标准审计意见的样本公司的会计稳健性更高，体现出较好的审计质量。但是审计意见对全流通前后关联方交易与会计稳健性的关系未产生显著影响。

四、本 章 小 结

本章对第三章和第四章的研究内容进行了扩展，在前文发现了关联方交易对会计稳健性的整体负面影响，以及全流通中两者关系发生了相应变化的基础上，从公司外部治理角度探讨了全流通前后对关联方交易与会计信息质量的影响。本章共得到以下发现：

第一，全流通后机构投资者在上市公司的持股比例以及对大股东的制衡度有了显著提升，四大在上市公司的审计业务有显著萎缩，上市公司被出具标准审计意见的比例有一定提升。

第二，从外部治理机制与关联方交易的关系来看，机构投资者在全流通前对大股东与上市公司之间关联方交易的推动作用在全流通后显著减弱，体现出机构投资者在关联方交易治理中的积极改善。整体而言，债权人在抑制上市公司与大股东之间的关联方交易方面具有积极效果，并且这一效果在全流通后也没有发生显著变化。全流通后，上市公司现金借款规模的增大，其从大股东处获得抵押担保类关联方交易也有显著提升。被出具标准无保留审计意见的公司的关联方交易规模较小。

第三，从外部治理机制与会计信息质量的关系来看，机构投资者在全流通后对会计稳健性提升产生了积极推动作用，但债权人在会计稳健性提升中却产生了显著负面影响。全流通后经四大审计的公司的会计稳健性有显著提升，而被出具标准无保留审计意见公司的会计稳健性也有显著提升。

第四，从外部治理机制对关联方交易与会计信息质量关系的影响来看，全流通后机构投资者在抑制日常商业类关联方交易对会计稳健性的负面影响方面具有显著积极作用。而债权人在抑制资金债务类关联方交易对会计稳健性的负面影响方面具有显著积极作用。

第六章

大股东行为变迁案例分析

股权分置制度改革之后，大股东逐渐获得了流通性，股改前后大股东利益实现方式的变化必然导致其行为的变化，从而对上市公司的会计信息产生影响。在我国特殊的制度背景下，大股东受限制的股权交易、股东间制衡权的缺乏以及薄弱的法律监管和惩处机制等均造成了大股东强烈的利益转移动机。大股东为了实现利益的转移而产生的行为具体体现在"掏空观"和"支持观"，这不仅会降低信息透明度、歪曲会计盈余数字、导致会计信息质量下降，还会对企业业绩和市场估值产生负面影响。本章分别选取了 F 公司、G 公司和 L 公司三个案例，对大股东关联方交易中的掏空行为、股权质押行为和减持行为进行案例研究，有利于更深入地了解股改前后大股东行为变迁和会计信息质量的关系，并为进一步增强监管提供参考思路。

一、大股东掏空行为案例研究——以 F 公司为例

"掏空"指大股东通过不正当竞争手段将公司和中小股东经济利益转移为自身利益的行为。大股东是指在公司中持股比例最高的股东，一般控股在50% 上下浮动。上市公司是中国资本市场的重要组成部分，为了规范上市公司运作，我国颁布了一系列的法律法规。但是，上市公司大股东掏空上市公司的自利行为依然盛行。2005 年，在我国进行股权分置制度改革后，上市公司大股东掏空行为依旧频繁发生，并且由于公司内部治理、外部监管机制尚不完善，掏空行为没有得到根本上的抑制。大股东掏空行为不仅会损害中小投资者的利益，还会损害公司利益，甚至会影响社会宏观经济的长远发展。本节将以F 公司为例，分析大股东掏空行为的生成机制、具体手段及其经济后果，并提出防范中国上市公司大股东掏空行为的建议。

（一）大股东掏空行为文献回顾

1. 大股东掏空行为生成机制

关于大股东掏空行为产生原因以及影响因素的相关研究较为丰富，学者们大多从企业财务状况、内部治理结构、外部法律制度三方面展开。从企业财务状况方面看，郑国坚等（2013）研究发现，当企业处于财务困境时，盈利能力较低，大股东有更强的动机占用上市公司的资金。黄志忠（2006）通过博弈论分析发现在股权全流通下，公司的净资产收益率越低，占有资源的收益率越高，掏空行为发生的概率越大，与国有股企业相比，法人股公司具有更强的掏空公司的动机和条件。吴育辉和吴世农（2011）研究发现营业收入增长率越高，公司被大股东掏空的程度越低。从企业内部治理结构来看，由于股权的过于集中，公司大股东对公司生产经营具有直接控制权，为大股东掏空行为提供了便利的条件。吴红军和吴世农（2009）研究发现其他股东的制衡能力与第一大股东对上市公司的掏空程度存在"倒 U"形关系。李增泉等（2004）发现公司治理机制会对股东的行为造成较大的影响，通过控股公司控制上市公司的大股东相比较企业集团控制的上市公司，资金占用更低。此外，股权激励（丑建忠等，2008）、独立董事比例（叶康涛等，2007）等公司治理机制对大股东掏空行为也有一定的抑制作用。从外部法律制度方面看，资本市场法律制度不够健全也会给大股东掏空行为留下可乘之机，因此，完善的法律制度与严格的法制监管能够直接有效地抑制大股东掏空行为（Porta et al.，1998）。从而维护中小股东的利益，净化资本市场发展环境。

2. 大股东掏空行为具体手段

随着市场制度环境的不断健全以及治理结构的不断优化，上市公司大股东掏空的手段越来越趋于隐蔽和多样，现有研究主要将大股东掏空手段归纳为对公司现金流、资产和所有者权益的侵占。

从公司现金流方面看，资金占用是大股东掏空行为的常用手段，伯特兰德等（Bertrand et al.，2002）大股东有强烈的动机将现金流从自己低持股比例的公司转移到高持股比例的公司，通过对现金流的直接转移实现自身利益最大化。赵平峰（2018）研究发现大股东通过违规担保来掏空上市公司，通过利用关联方来对上市公司的资产和资金进行违规对外担保，使风险从担保方转移到上市公司，以达到其无偿占用公司资金来获取个人巨大利益的目的，尤其当被担保公司出现财务危机时，担保公司必须支付巨额成本。

从公司资产方面看，大股东将通过关联交易转移公司资源，而损害其他中小股东的利益。杨权（2019）通过案例研究发现大股东掏空的过程为与关联方大额购销、实收赊付、保证担保均存在相关关系，并且由于关联交易不透明，交易中心可能存在不公正，如果关联方相互勾结进行关联交易，将会导致公司利益严重受损。

从所有者权益方面看，根据股利代理理论，公司通过发放股利可以有效改善代理问题，但是与此同时，在股改之前，现金股利的派发属于非流通大股东的自利行为，大股东也可能通过现金股利对公司进行掏空（杨悦，2020）。肖作平和苏忠秦（2012）研究发现大股东并不是将现金股利作为掏空的工具，而是把现金股利作为一种掩饰掏空的手段。此外，朱红军等（2008）研究发现定向增发也是大股东掏空的一个渠道，在定向增发过程中，大股东通过支付较低的对价来稀释中小股东的权益，从而实现利益侵占。

（二）大股东掏空行为案例介绍

本部分将介绍 F 公司的基本情况，并且完整回顾自 2019 年 1 月开始的 F 公司大股东掏空行为，主要分析大股东的掏空过程、具体手段、原因动机以及造成的影响。根据案例分析的结论，合理提出应对大股东掏空行为的建议，以期为公司内部的管理层、外部的监管部门以及广大投资者提供一定的参考价值。

1. F 公司简要介绍

F 公司成立于 1997 年，于 2006 年上市，是一家集药品销售、品牌代理为一体的医药营销公司，主营业务包括中成药的研发、生产、销售；化学药和原料药的研发、生产和销售，其销售产品涵盖中成药、化学原料药、抗生素、生物制品（除疫苗）、生化药品，还具有精麻药品、医疗器械的销售资格。公司旗下拥有多家全资、控股子公司，建立了以"多品种为核心、大产能为基础、大营销做支撑"的主导营利模式，贯彻"产量让位于质量、成本让位于质量"的质量管理方针，以"专门、专业、专注"作为产业发展定位，目前，公司已拥有胶囊剂、颗粒剂、片剂、口服液、丸剂等多个中西药制剂 500 多个品种，品种数量位居全国行业前列。2019 年 F 公司被认定为农业产业化国家重点龙头企业，入选中国民营企业制造业 500 强名单。

F 公司前身为上海 MF 公司。审计报告显示，截至 2005 年底，公司未分配利润为 -2.41 亿元，流动负债超过流动资产 1.65 亿元，经营状况堪忧。F 公

司自上市以来，虽然经营情况较好，但为填补之前公司财务上的缺口，往年利
润都未达到分红的标准，仅在 2018 年曾经分红一次。截至目前，F 公司总市
值为 16.68 亿元，总股本为 62 715.7512 万股，其中流通 A 股为 37 426.3222
万股，流通受限股份为 25 289.429 万股。截至 2020 年 9 月 30 日，F 公司的前
五大股东及持股情况见表 6 − 1：

表 6 − 1　　　　　　　　　　F 公司前五大股东及持股情况

股东名次	股东名称	持股数量（万股）	持股比例（%）	股份性质
1	R 药业集团有限公司	22 100.35	35.24	流通 A 股，流通受限股份
2	天津 J 科技合伙企业	4 212.37	6.72	流通 A 股
3	深圳 P 投资合伙企业	4 114.89	6.56	流通 A 股
4	河南 B 销售有限公司	4 000	6.38	流通受限股份
5	福州 W 股权投资中心	2 508.64	4	流通 A 股

资料来源：Wind 数据库，F 公司公告。

可以发现，F 公司的股权集中度非常高，前五大股东持股比例总和超过
58%，其中第一大股东 R 药业集团有限公司是 F 公司的大股东，持股比例高
达 35.24%。根据天眼查的数据显示，朱某持有 R 药业集团 97.37% 的股份属
绝对控股，并通过控股公司间接完成对 F 公司的实际控制，成为公司的实际控
制人。R 药业集团旗下公司除 F 公司外，还有河南省 S 酒业有限公司、K 制药
有限公司、J 集团股份有限公司等多家全资、控股子公司，实际控制人均为朱
某，之后的掏空行为就发生在关联公司之间。近五年，S 酒业有限公司经营困
难，连年亏损，2019 年以来长期拖欠员工工资和社保，抵押借款总额约达 16
亿元。2019 年 7 月 26 日，F 公司收到证监会《调查通知书》，因公司涉嫌违法
违规，决定对公司立案调查。2019 年 9 月 30 日起，F 公司的股票开始实施其
他风险警示。

2. F 公司大股东掏空过程回顾

F 公司曾被誉为医药行业的白马股，其业绩暴雷始于一次分红爽约。2019
年 7 月 16 日，F 公司公布了 2018 年度权益分派计划，预计派发现金红利
6 000 多万元，红利派发股权登记日为当年 7 月 19 日，除权日和现金红利发放
日均为当年 7 月 22 日。然而，F 公司在当年 7 月 20 日发布公告称因资金调配

不足，先前承诺的 6 000 多万元现金分红暂缓发放；而后在上海证券交易所问询函的逼问下，根据 2019 年一季报，原本拥有 18.16 亿元货币资金的 F 公司终于吐露真相，其公司账上只剩 1.27 亿元现金，近 17 亿元巨款去向不清。经查明，F 公司 2015 年、2016 年的年度报告存在虚假记载和重大遗漏，由于 R 药业集团有限公司非经营性资金占用未入账，导致 2015 年虚增货币资金 6 380 万元、2016 年虚增货币资金 7 200 万元。此外，F 公司在 2018 年未及时披露公司的关联担保。截至 2018 年底，关联公司非经营性资金占用的期初金额期末余额达 13.37 亿元，直至 2019 年 7 月 20 日，F 公司仍无法发放股利分红，大股东掏空行为才被发现。经上海证券交易所查询，F 公司披露账面现金总额缩减为 1.27 亿元，其中限额 1.23 亿元，可分配资金仅有 300 万元。仅仅在 2019 年的第一季度，就有 16 亿元货币资金被掏空。

根据 F 公司 2019 年的半年报显示，F 公司上半年业绩整体呈现下滑态势，实现营业收入 27.69 亿元，同比下降 10.93%，净利润 3.99 亿元，同比下降 11.45%。公告称，业绩下降的主要原因是资金周转紧张，部分产品生产经营受到一定影响。从 F 公司的半年度财务报表具体来看，货币资金由 2018 年底的 16.56 亿元大幅下降至 1.34 亿元，降幅达 91.88%，货币资金占总资产的比重由上期末的 15.45% 下降至 1.20%；有息债务余额高达 33.96 亿元，其中短期借款 23.87 亿元，已逾期未偿还的短期借款总额，上升至 1.77 亿元。此外，筹资活动产生的现金流量净额为 −13.64 亿元，较 2018 年底的 0.48 亿元相比，现金流出增速惊人，究其原因，主要是由关联方借款所致。

2019 年 12 月 25 日，上海证券交易所通报了 F 公司违规及相关处罚情况，包括大股东 R 药业集团有限公司及其关联方违规占用非经营性资金 16 亿元以上、违规为大股东及其关联方提供 1.4 亿元担保、未按要求落实 2018 年度的权益分配、未及时披露数起重大诉讼以及重大债务到期日的清算事项等 6 项违规。处置决定对 F 公司实际控制人朱某进行公开谴责，且不得在 10 年内担任上市公司董事、监事、高级管理人员，F 公司多位高管董事被通报批评。

3. F 公司大股东掏空行为手段分析

(1) 向关联方提供大量资金。

根据 2019 年半年度报告，F 公司已经提供的贷款余额为 16.36 亿元，并且相关债权债务为无实际业务背景的临时性贷款，构成对营业外资金的占用，占 F 公司 2018 年经审计净资产的 30.29%。F 公司向大股东及其关联方提供资金具体情况如表 6−2 所示，2019 年上半年，关联方公司向 F 公司提供资金

1.8 亿元，而 F 公司向大股东及其关联方提供资金高达 18.16 亿元，其中，向 R 药业集团有限公司提供资金 15.23 亿元，向 K 集团股份有限公司、河南省 S 实业有限公司以及河南省 S 酒业有限公司三家关联公司分别提供 2.81 亿元、816 万元以及 418 万元资金，如此大规模的资金占用，已经严重影响了 F 公司的正常运营。

表 6 - 2　　　　　　　　　F 公司向大股东及其关联方提供资金情况

大股东及关联方	F 公司向关联方提供 资金（万元）	关联方向 F 公司提供 资金（万元）
R 药业集团有限公司	152 298	17 911
K 集团股份有限公司	28 100	87
河南省 S 实业有限公司	816	62
河南省 S 酒业有限公司	418	0
总计	181 632	18 060

资料来源：F 公司 2019 年半年报。

（2）向关联方提供违规担保。

F 公司通过向关联方公司提供担保，可以让关联方公司从资本市场或金融机构获取大量借款，而 F 公司作为担保第三方要承担连带责任，承担较高的风险。F 公司向关联方提供违规担保情况如表 6 - 3 所示，2018 年 1~6 月，F 公司为关联方公司 R 药业集团有限公司、河南省 S 实业有限公司和河南省 S 酒业有限公司提供了总额达 1.4 亿元的违规担保，占 F 公司 2017 年经审计净资产的 3.04%，担保余额 6 202 万元，并且均已逾期。F 公司不仅没有及时履行董事会和股东大会的审查义务，也没有及时披露这一事项。直到 2019 年 5 月 14 日才披露向河南省 S 实业有限公司提供 3 000 万元债务担保中的一项，最终在 2019 年 8 月才在 2019 年半年度报告中完整披露全部担保。对于违规担保情况，F 公司解释称资金占用、违规担保等问题的发生是迫于外部融资压力加大，但是证监会认为这一借口不能成为关联方违规占用公司资金、接受公司违规担保、不执行公司股东大会审议批准的现金分红方案等重大违规事项的合理理由。

表 6-3   F 公司向关联方提供违规担保情况

被担保方	担保金额 （万元）	担保类型	是否逾期	担保逾期金额 （万元）
R 药业集团有限公司	8 000	连带责任担保	是	3 800
河南省 S 实业有限公司	3 000	连带责任担保	是	1 002
河南省 S 酒业有限公司	3 000	连带责任担保	是	1 400
总计	14 000	——	——	6 202

资料来源：F 公司 2019 年半年报。

（三）大股东掏空行为案例分析

1. F 公司大股东掏空行为原因分析

（1）股权过于集中，内部治理结构不合理。

在大股东掏空行为中，董事长作为公司实际控制人，能够发挥一定的主导作用。在本案例中，朱某作为企业经理人、公司法人和董事长持有 R 药业集团 97.37% 的股份，通过控股公司间接完成对 F 公司的实际控制。在前十大股东中，第一大股东的持股比例远远高于其余股东持股比例之和，在这样一股独大的股权结构下，F 公司的第二类委托代理问题必将十分严重，内部人进行内幕交易的概率相对高。大股东掏空等自利行为不仅会增加企业内部信息的不透明度，加剧委托代理问题，使信息不对称程度加大，进一步损害中小股东的利益；还会造成中小股东难以参与公司决策，公司的经营决策权都在大股东手中，股权制衡机制效用甚微。此外，F 公司大股东掏空的另一个重要原因是不合理的内部治理结构，当公司制定发展战略以及经营目标时，大股东通常不会顾及中小股东的利益问题，独立董事监督职能不够有效，管理层互相联结，这为关联交易、违规担保提供了便利的环境。

（2）内部审计失效，内控制度存在缺陷。

F 公司的内部控制制度存在缺陷，这也是导致大股东掏空行为的内部因素之一。从控制活动方面来看，F 公司的内部审计机构理应对公司的各项财务行为以及交易活动的相关账目分录进行审核，以保证财务报表信息的稳健性、谨慎性和及时性；货币资金流入与流出一般需要财务部门和审计部门的批准与审批，对各项资金活动都应存有记录。然而，F 公司的内部审计机制未能发挥审计监督的职能，导致大股东进行关联交易以及资金占用面临的阻碍较小，掏空行为被发现的可能性大大降低。从信息与沟通方面来看，F公司未能向外部市场及时披露经营信息，例如对大股东非经营性资金占用、向关联方提供违规担保、重大债务到期未清偿以及公司涉及的多起重大诉讼事项等，故意隐瞒重要信息以及信息延迟披露都增大了外部市场与企业内部的信息不对称，外部监管作用大打折扣，也为大股东的自利行为提供了便利的条件。

（3）违规成本低，外部监管力度不足。

在股改之后，我国的资本市场监管体系不断健全，法律法规不断完善，所有参与者的行为得到规范，整体法律规制环境得到了质的提升。但是，对违法行为处罚过轻、违法成本低仍是目前市场监管的主要问题。对于掏空公司的大股东来说，与掏空上市公司获得的高额利润相比，违规处罚成本非常低，对相关责任人给出的处罚结果仅仅是公开谴责、通报批评等纪律处分，这也是导致大股东掏空行为层出不穷的重要原因。由于外部市场的处罚力度太小，监管力度不足，不能给予大股东震慑以及警示的作用，导致监管体系不能有效地发挥维护市场环境等职能。在本案例中，F公司大股东自2019年1月开始逐步掏空公司，直到7月由于无法正常分红，其违规行为才被证监会发现，这说明我国对上市公司信息披露行为的监督管理力度不足，还存在较大漏洞，这会使大股东存在掏空公司的侥幸心理。

2. F公司大股东掏空行为经济后果

（1）债务逾期，公司营运能力下降。

应收账款周转率是决定企业资金持有量以及流动性的重要指标，由于大股东掏空事件的发生，以及多笔债务逾期，F公司将大量货币资金提供给关联方公司，使得应收账款余额大幅增加，这将造成应收账款周转出现问题。F公司营运能力主要指标如表6-4所示，可以发现，从2015～2019年，F公司的应收账款周转天数从56.06天不断上升至233.3天，应收账款周转率从6.422次不断下降至1.543次，应收账款周转情况日益恶化。同时，对比2018年和2019年的指标发现，由于2019年发生的大股东掏空行为，导致F公司存货周转情况和总资产周转能力均出现下降趋势。这说明大股东的资金占用行为会显著降低上市公司的营运能力，造成资金周转困难，存货大量堆积，资产质量下降，进而影响公司内部的资源配置效率与治理效率。

表 6 - 4　　　　　　　　　　F 公司营运能力指标

营运能力指标	2015 年 12 月 31 日	2016 年 12 月 31 日	2017 年 12 月 31 日	2018 年 12 月 31 日	2019 年 12 月 31 日
总资产周转天数（天）	874.7	357.6	579.1	586.9	781.6
存货周转天数（天）	220.3	48.57	70.37	64.40	58.82
应收账款周转天数（天）	56.06	75.86	144.8	158.1	233.3
总资产周转率（次）	0.412	1.007	0.622	0.613	0.461
存货周转率（次）	1.634	7.412	5.116	5.590	6.121
应收账款周转率（次）	6.422	4.746	2.487	2.277	1.543

资料来源：Wind 数据库。

（2）业绩下滑，公司发展能力下降。

债务逾期、资金流动性降低等问题将直接影响公司的经营能力与发展前景，由于资金短缺，产品的销售以及研发都将受到严重制约，从而造成公司业绩下滑，市场竞争力急剧降低。F 公司 2015～2019 年的成长能力及盈利能力指标如表 6-5 所示，可以发现，各项财务指标从 2015～2018 年都在平稳增长，但是从 2018～2019 年却发生了较大转变，营业总收入由 63.17 亿元降低至 51.71 亿元，同比下降 18.14%，归属净利润由 8.886 亿元下降至 4.61 亿元，同比下降 48.12%。此外，盈利能力也逐渐走弱，净资产收益率由 17.81% 降低至 8.28%，总资产收益率由 8.67% 降低至 4.11%。这说明大股东掏空行为占用公司现金流会导致资产投资不足，降低公司经营能力，尤其处于激烈的行业竞争的当下，大股东掏空会直接造成公司利润下降，影响上市公司的正常经营能力和未来的盈利能力，还会损坏公司社会形象，恶化发展前景，加剧公司的融资压力。

表 6 - 5　　　　　　　　F 公司成长能力及盈利能力指标

财务指标	2015 年 12 月 31 日	2016 年 12 月 31 日	2017 年 12 月 31 日	2018 年 12 月 31 日	2019 年 12 月 31 日
营业总收入（亿元）	4.621	50.13	58.00	63.17	51.71
营业总收入同比增长（%）	6.27	985.02	15.69	8.92	-18.14
归属净利润（亿元）	0.2777	3.493	3.920	8.886	4.610
归属净利润同比增长（%）	129.09	1 157.60	12.23	126.67	-48.12

财务指标	2015 年 12 月 31 日	2016 年 12 月 31 日	2017 年 12 月 31 日	2018 年 12 月 31 日	2019 年 12 月 31 日
扣非净利润（亿元）	0.212	0.186	0.221	8.293	4.358
扣非净利润同比增长（%）	192.57	−12.21	18.85	3 655.55	−47.45
净资产收益率（%）	16.45	16.35	15.54	17.81	8.28
总资产收益率（%）	2.93	13.56	8.31	8.67	4.11
毛利率（%）	48.86	38.20	40.36	44.00	43.08
净利率（%）	7.12	13.47	13.37	14.14	8.92

资料来源：Wind 数据库。

（3）损害中小股东利益，增大市场金融风险。

大股东掏空行为不仅会对公司的营运能力及发展能力造成不良影响，公司业绩的下降以及大股东的自利行为同样会在资本市场上反映出来，直接导致股价的急剧下跌，从而导致大量中小投资者的利益受到损害。F 公司 2016～2020年股票行情走势如图 6 - 1 所示，2016～2017 年 F 公司的股价持续走高，最高达到 25.82 元/股，从 2017 年底至 2019 年中旬股价逐渐走低，但也稳定在14～20 元/股的区间范围之内。在 2019 年 6 月大股东掏空行为被曝光之后，股价急剧下跌，2020 年股价跌至 3.48 元/股，被 ST 之后 F 公司的股价长期走低。这说明大股东掏空行为对公司经营发展造成的不良影响，还会引发股价崩盘风险，导致中小投资者的投资利益受到严重损害，这不仅会增大市场金融风险，还会让部分中小股东对资本市场失去信心，降低市场活力，甚至影响资本市场的健康发展。

（四）大股东掏空行为案例启示

1. 避免一股独大的股权结构

一股独大的股权结构是造成大股东自利行为的重要因素，如果公司的股权相对比较分散，股东持股比例普遍较低，就无法对第一大股东实行有效的内部监督，董事会及独立董事发挥的效用都将大打折扣，因此，避免大股东掏空行为的频繁发生可以从构建科学的股权结构入手。一方面，可以引入机构投资者，增大外部投资者的持股比例，引入先进的管理经验和优秀的人才不仅能够在一定程度上缓解融资难题，有利于公司的战略扩张和长远发展，还可以有效

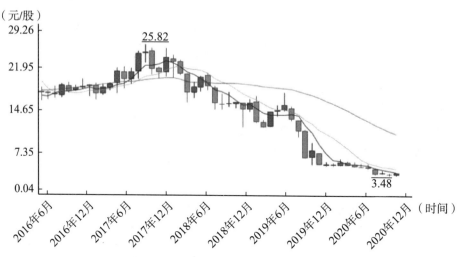

图 6 - 1　F 公司 2016 ~ 2020 年股票行情走势

资料来源：东方财富数据库。

监督制衡大股东行为，缓解委托代理问题，提高公司经营决策的科学性和可行性。另一方面，可以加大员工持股力度，通过股权激励计划不仅可以稀释大股东"一股独大"的情况，还可以有效激发员工的工作热情，提升工作效率，让员工参与到公司的决策经营中来既能够体现公司以人为本、开放包容的思想，通过加强内部监督力度，有效避免大股东自利行为的发生，还可以降低管理者盲目自信、决策失误的可能性，从而更有利于公司形象的树立以及稳健的发展。

2. 完善对中小股东的保护机制

当发生大股东掏空行为时，中小股东利益受到极大损害，一般会选择抛售股份，而不是借用相关法律管理手段积极维权。造成这一结果的主要原因一方面是维权程序复杂，相关法律法规在保护我国中小股东权益等方面还不够完善；另一方面是维权成本高，尤其是对于中小股东来说，掌握的公司内部核心信息不多，维权力量较为薄弱，并且与诉讼成功的利益相比，上诉成本大高，导致中小股东的合法权益无法得到有效的保护。因此，要通过多种方式提高上市公司信息透明度，例如，选取具有代表性的中小股东进入董事会或者监事会，使中小股东能够更加及时地获得内部信息，并且积极参与到公司的经营实践活动与行为决策中来。此外，要完善资本市场法律规范体系，如有效降低维权成本、拓宽中小股东维权途径、简化办事流程等，切实加强对中小股东的权益保护，提升投资信心。

3. 加强市场监管及惩戒力度

有效管控大股东掏空行为不仅要从上市公司内部治理结构入手，还要加强外部市场的监管强度以及惩戒力度。我国《公司法》明确规定了董事、高级财务管理工作人员的责任和义务，但在高管违规的处罚方面规定得相当模糊，同时，针对大股东掏空行为和违规担保，中国证监会公布《上市公司提供担保规定》也没有给出对应的解决方法和处罚措施，基本为公开谴责、通报批评、行政处罚等措施，这就导致了公司管理人员违规成本较低，所受处罚较轻，无法达到警示威慑的作用。第一，相关外部市场监管部门应当健全监管体系，加强对关联交易的监管强度，提高对关联方审计力度。此外，加大对掏空行为的惩罚力度和社会宣传，完善对大股东掏空行为的处置政策，提高对违规人员的惩处力度，更好地维护市场正常运作。第二，在互联网高度发达的时代，会计师事务所、媒体等非官方等能起到监管职能的部门也是监管中不可忽视的一部分，要注重利用媒体的监管职能，增大外部监督力量，让违规人员无处可藏。

二、大股东股权质押行为案例研究——以 G 公司为例

我国上市公司的大股东经常需要获得大量资金以扩大生产，从而增强市场竞争力。在当前市场环境下，以股权抵押进行融资十分方便快捷，不仅能在维持控制权不变的前提下，在短时间内获得大量资金，而且不需要抵押物、不受信誉影响。但是，大股东股权质押行为也存在着很大风险。在大股东质押期间，如果公司股票市场恶化，股价触及了预警线，那么质权人就可以通过抛售股票以避免自己的损失，但是这将会增加大股东控股权丧失的风险，从而直接对公司的正常运营带来较大的负面影响。

据中国结算官网统计，截至 2019 年底，我国共有 3 081 家企业存在股权质押融资情况，占全国上市公司的 42%，其中 588 家企业股权质押比例超过30%。具体来说，我国股票质押的金额高达 4.58 万亿元，其中证券公司股票质押量为 2 722.76 亿元，占市场总值的 59.22%，信托公司质押股份为 236.5 亿元，占市场总值的 9.25%，银行质押股份为 9 924.86 亿元，占市场总值的21.67%；其他市场主体质押股份为 4 515.88 亿元，占市场总值的 9.86%。由此可见，股权质押这一融资方式已经成为大股东进行融资的常态化选择。

本节将以 G 公司为例，通过介绍 G 公司股权质押的现状，结合近些年股权质押的变化趋势及各类股权质押风险研究的相关文献，分析归纳出大股东股

权质押行为的公司内部和外部风险及产生原因，并从公司内部及外部提出相应的防范对策。

（一）大股东股权质押行为文献回顾

1. 股权质押行为概念界定

股权质押是大股东以自己所拥有的股份作为抵押物向质权人换取资金的一种融资方式。大股东的股权被质押后，接受股权质押的债权人或金融机构能够获得持有期间股权的增值收益，但是大股东仍然具有表决权和控制权，如果当质押到期时大股东不能偿还债务，则债权人将获得股票所有权，可以通过在二级市场出售所质押的股份来收回资金，而当公司发生损失时，大股东只需按照质押股权后剩余的持股比例承担损失，其余损失则由中小股东买单。因此，为了尽可能获得高额的融资以及承担较低的经营风险，大股东通常偏好于在股价较高时进行股权质押，从而缓解融资压力，进而扩大企业经营生产。股权质押因为具有资金流动性高、容易处置的优势，被企业所广泛接受。

与大股东股权质押的相关理论有委托代理理论、信息不对称理论以及控制权私利理论，这与上节大股东掏空行为的主要理论相一致，此处不再赘述。股权质押能够使股权转换成现金流，由静化动，虽然可以使大股东受益，但也可能损害公司的利益（李苗捷，2020）。股权质押后大股东的控制权并未转移或者改变，只是将一部分现金流权转移到了债权人手中，一般来说，大股东从控制权中获得的收益会远大于现金流带来的收益。质押股权一旦被强制平仓，就会引起股价暴跌的负循环。但是这种强制平仓的被动减持方式跳过了大股东主动减持时需要发出减持公告的程序，可能会使被动减持的获益超过主动减持的获益，这就给大股东带来了质押套现的机会。因此，大股东会有强烈的动机将原本属于全体股东的利益通过关联交易、掏空等方式进行转移，从而达到个人利益最大化。与此同时，大量的股权质押也从侧面反映了公司当前所面临的财务困境，这会对资本市场的股价产生较大的影响，尤其当股价大幅下跌时，债权人通常会要求出质人补充质押物或者提前赎回，将给公司带来更大的股权风险以及财务危机。

2. 大股东股权质押行为原因与影响

关于大股东股权质押行为的研究，学者主要是针对股权质押产生原因以及经济后果两方面展开探讨的。国内学者普遍认为大股东进行股权质押的动机包括企业融资、风险转移、维持控制权以及自利行为等（孙元利，2008；

代志兴，2018）。王斌等（2013）研究发现由于融资约束和质押融资"博弈"趋势的增强，大股东股权质押行为与其持股比例之间存在非常明显的负相关关系，在某种程度上，股票质押是质押人和质押人之间的"豪赌"。徐寿福等（2016）认为，中国的股东进行股权质押时，进行抵押的股票成本与股价之间存在负相关，即股票价格越高，大股东股权质押趋势越强、规模越大。格拉哈姆和哈维（Graham & Harvey，2002）在对部分公司的大股东进行研究后，发现公司大股东对股票价格的高估或低估将会影响大股东的股权质押。

　　同时，股权质押也会给上市公司带来一些负面影响，如加大两权偏离度（方时雨，2019）并导致股价下降（谢德仁等，2016）。陈和胡（Chen & Hu，2007）发现当经济环境乐观时，股权质押将使公司的业务状况更好，反之，将使公司的业务状况更糟。郝项超等（2009）研究发现股票质押率越高，公司的价值受损就越严重，并且大股东股权质押行为能够显著减少公司员工中的激励效应并且增强股东之间的侵占效应。张晨宇（2018）通过对各公司股权质押期间的公告内容研究发现，大股东存在壕沟效应，公司公告内容更偏向披露好消息而隐瞒坏消息，但是卖空机制、机构投资者等外部治理机制能够约束大股东的自利行为。范和王（Fan & Wong，2002）研究发现大股东股权质押引起了现金流权与控制权的偏离，进而减少了其损害公司利益的代价，增加了违规的可能性。

（二）大股东股权质押行为案例介绍

1. G 公司简要介绍

　　G 公司于 2010 年整体改制设立，于 2012 年上市，所属行业为塑料管道制造业，专业从事塑料管道的研发、生产和销售活动，主要产品有聚氯乙烯（PVC）系列管道、聚乙烯（PE）系列管道和聚丙烯（PP）系列管道等。G 公司的产品广泛应用于市政及建筑给排水、农用、市政排污、通信电力护套、燃气输送、辐射采暖、工业流体输送等领域。多年来，G 公司一直高度重视技术创新，重视研发投入，母公司及下属四家子公司被认定为国家高新技术企业，G 公司作为我国最早一批从事塑料管道生产的企业之一，已成为横跨 PVC、PE 和 PP 三大系列，共 40 多个品种 5 000 多个规格的综合性塑料管道生产企业，目前已能基本满足市场对塑料管道的各品种需求。经过多年的潜心经营，G 公司在稳固发展核心竞争区域的基础上，已完成全国产能布局，有效克服塑料管道行业销售半径限制，成为国内少数几家实现覆盖全国客户的企业之一，已发展成为国内塑料管道行业为数不多实现全国布点生产，在行业内具有较高的知名度和美誉度的公司。

　　表 6 – 6 列示出了 G 公司前十大流通股东以及各自的持股情况。截至目前，G 公司的第一大股东是山西 S 投资有限公司，持股数量为 15 541.43 万股，占总股本的 26.02%，享有绝对控股地位。其次，张某、广东 G 有限公司和 Y 投资管理有限公司分别持有 G 公司股份 2 875.76 万股、1 048.86 万股和 914.45 万股，持股比例分别达到了 4.82%、1.76% 和 1.53%。可以发现，前十大股东总持股比例超过 30%，并且第一大股东持股比例远远高于其余股东持股比例，这说明 G 公司的股权高度集中，并且其余股东对第一大股东的制衡作用非常小，存在"一股独大"的问题，较为容易发生大股东资金占用等自利行为。

表 6 – 6　　　　　　　　　　　G 公司前十大股东及持股情况

股东名次	股东名称	持股数量（万股）	持股比例（%）	股份性质
1	山西 S 投资有限公司	15 541.43	26.02	流通 A 股
2	张某	2 875.76	4.82	流通 A 股，流通受限股份
3	广东 G 有限公司	1 048.86	1.76	流通 A 股
4	Y 投资管理有限公司	914.45	1.53	流通 A 股
5	熊某	497.66	0.83	流通受限股份
6	云某	497.54	0.83	流通 A 股
7	上海 M 投资管理有限公司 – 明泓价值成长 1 期私募投资基金	431.79	0.72	流通 A 股
8	付某	419.11	0.7	流通 A 股
9	吕某	330.61	0.33	流通 A 股
10	蒋某	276.48	0.46	流通受限股份

　　资料来源：Wind 数据库，G 公司公告。

2. G公司大股东股权质押过程回顾

　　G公司从2013年就开始利用股权质押进行融资，而且在每次质押之后，会解冻一些股份以便再次质押，因此，G公司的股权质押变动较为频繁，通常是上一次的股权刚解押，就马上将股权重新质押出去，实质上为"补西墙"又"拆东墙"的操作。例如，2013年3月，G公司将持有的24.32%股份质押给某信托机构；一年之后，G公司又向某资产管理公司质押24.31%的股份。尤其是在2016年山西S投资有限公司接手G公司成为大股东之后，G公司的股权质押规模迅速扩张，并且越来越频繁，仅2016年就发生了20笔股权质押活动。表6-7列示了2017~2019年G公司大股东股权质押情况，3年来共发生20笔股权质押活动，主要质押的大股东包括山西S投资有限公司和张某，其中，大股东山西S投资有限公司于2017年3月9日将4 799.14万股无限售流通股份办理了解除质押手续，紧接着就在2017年3月14日重新将其持有的公司4 416万股无限售流通股份质押给某金融机构。根据G公司历年财务报表数据，G公司在频繁进行股权质押的几年之中，营业利润持续下滑，净利润由2012年的1.14亿元下降至2013年的9 000万元，2014年和2015年净利润更是下降至1 800万元左右。这种频繁进行股权质押的操作并不能解决公司的财务困境，相反，在一定程度上体现出公司面临的财务问题十分严重。

　　表6-8列示了2014~2019年G公司股权质押比例，可以发现，G公司近些年进行股权质押的比例居高不下，质押比例一直维持在33%水平以上，质押规模一直居高不下，并且逐年上升，2014年的股权质押比例为34.12%，质押股数为1.92亿股，而2019年的股权质押比例已经上升到了47.55%，质押股数为2.64亿股，几乎已经到了无股可质押的地步。另外，G公司曾于2015年8月底和9月初发布公告，提示公司大股东面临平仓风险，依照相关规定，当质押标的公司股价跌破警戒线时，融资方在一定期限内需向账户内追加保证金或质押股票数量，以使担保物价值保持稳定。一些上市公司大股东股权质押比例尚不高，手中未质押的股权充足，其在险情接近时会选择及时追加质押或者主动解除质押，一般的办法就是寻找过桥资金先行将所质押股权赎回，随后再以新的基准价格继续质押，中间产生的差价则由大股东自行补齐，及时解除股权质押有利于流动性管理的同时也增加了大股东后续运作的筹码。

表6-7 2017~2019年G公司大股东股权质押情况

序号	公告日期	股东名称	质押股数（万股）	占总股本比例（%）	占股东持股比例（%）	质押起始日	质押截止日	解押日期
1	2017年1月23日	山西S投资有限公司	920	2.66	9.58	2016年12月27日	2017年1月16日	2017年1月16日
2	2017年3月16日	山西S投资有限公司	4 799.14	13.89	50.00	2016年8月12日	2017年3月9日	2017年3月9日
3	2017年3月16日	山西S投资有限公司	4 416.00	11.83	46.00	2017年3月14日	—	—
4	2017年11月2日	山西S投资有限公司	2 720.00	4.92	17.71	2016年9月28日	2017年10月27日	2017年10月27日
5	2017年12月9日	山西S投资有限公司	2 720.00	4.55	17.71	2017年11月30日	2017年12月8日	2017年12月29日
6	2018年2月4日	山西S投资有限公司	1 472.00	2.46	9.58	2017年1月19日	2018年2月12日	2018年2月12日
7	2018年2月24日	山西S投资有限公司	1 472.00	2.46	9.58	2018年2月14日	2019年2月13日	2019年2月13日
8	2018年2月24日	山西S投资有限公司	613	1.03	3.99	2018年2月13日	2019年2月12日	2019年2月12日
9	2018年3月2日	山西S投资有限公司	1 000.00	1.67	6.51	2018年2月27日	2019年2月26日	2019年2月26日

续表

序号	公告日期	股东名称	质押股数（万股）	占总股本比例（%）	占股东持股比例（%）	质押起始日	质押截止日	解押日期
10	2018年4月17日	山西S投资有限公司	720	1.21	4.69	2018年4月13日	2019年4月12日	2019年4月12日
11	2018年4月25日	山西S投资有限公司	1 000.00	1.67	6.51	2018年4月23日	2019年4月22日	2019年4月22日
12	2019年6月19日	山西S投资有限公司	182.79	0.31	1.18	2019年6月17日	2020年6月16日	2020年6月16日
13	2019年12月21日	张某	2 670.00	4.47	92.85	2019年12月19日	—	—
14	2019年12月21日	张某	576	0.96	20.03	2016年12月8日	2019年12月6日	—
15	2019年12月21日	张某	205.45	0.34	7.14	2019年11月22日	—	—
16	2019年12月21日	张某	200	0.33	6.95	2018年6月11日	2019年12月6日	2019年6月10日
17	2019年12月21日	张某	174	0.29	6.05	2018年6月21日	2019年12月6日	2019年6月20日
18	2019年12月21日	张某	150	0.25	5.22	2018年5月29日	2019年12月6日	2019年5月28日
19	2019年12月21日	张某	100	0.17	3.48	2018年5月3日	2019年12月6日	—
20	2019年12月21日	张某	100	0.17	3.48	2017年12月6日	2019年12月6日	—

资料来源：G公司历年公告。

表 6 - 8　　　　　　　　　2014 ~ 2019 年 G 公司股权质押比例

日期	2014 年 12 月 31 日	2015 年 12 月 31 日	2016 年 12 月 31 日	2017 年 12 月 31 日	2018 年 12 月 31 日	2019 年 12 月 31 日
质押比例（%）	34. 12	33. 64	34. 14	43. 26	45. 83	47. 55
质押股数（亿股）	1. 92	2. 01	2. 04	1. 93	2. 51	2. 64

资料来源：G 公司历年公告。

（三）大股东股权质押行为案例分析

1. G 公司大股东股权质押原因分析

（1）内部治理结构失效。

科学的内部治理结构有助于提升公司生产效率，作出科学的决策，是企业稳健发展、扩大经营、提升市场竞争力的有力保障。为了保证中小股东的合法权益以及广大投资者的利益，股东大会、董事会和监事会应当发挥重要的监督管理功能，不仅要对公司的各项重要决策进行研讨评估以及顶层设计，还要对广大股东负责，严格监督大股东的行为，发挥制衡作用。根据 G 公司披露的股权资料，G 公司的第一大股东为山西 S 投资有限公司，实际控制人为任某青，而公司法人和董事长为任某明，两人为兄弟关系，因此，G 公司不仅股权高度集中，主要高层领导还为亲属关系，此外，公司的三名监事中有一人未持有公司股份，这会削弱董事会和监事会的客观性和独立性，更容易导致内部治理结构难以发挥有效的监督作用。

（2）股权质押审查力度不足。

因为大股东股权质押的程序简便快捷，企业能够通过该种融资渠道短时间内获得较多的流动资金，因此被众多上市公司所选择。但是，从受质方的立场出发，股权质押简便快捷的特点并不算是优点，因为在较短的时间内，股权的受质方很难对质押方进行充分的调查了解。一般来讲，受质方在接受股权质押之前，会对质押股权的大股东及其所在公司的基本经营情况和信用风险进行考察，通过评估分析所得到的数据，以确定是否能够进行该笔股权质押。一旦受质方因为对质押方的审查不足，而匆忙作出决定，会承担很大的风险，很容易就会陷入质押方故意设的陷阱，从而造成资金难以收回，造成自身较大的损失。因此，股权质押相关信息审查力度的不足，将损害质权方的利益，从而导致公司外部风险增大。

（3）相关法律监管体系不够完善。

我国股权质押兴起不久，虽然相关法律也在不断改进，但是却不够完善，监管仍然存在漏洞，这会给进行股权质押的质权人、其他中小股东等各方带来风险。一方面，不健全的法律监管体系会给大股东的自利行为提供方便，从而损害中小股东的利益。另一方面，即使股权质押各参与方认识到潜在的风险，当发生股权质押争议或者冲突时，不完善的法律条例和处置渠道也不能充分保护股权质押的各方，而且股权质押的某一方可能会利用这一点损害其他方的相关利益。此外，银监会和中国人民银行负责对股权质押进行监督管制，有权处罚不合理的金融行为，还可以配合相关机关发布有关的政策法规，但事实上，却没有像预期那样发挥良好的监督警示的作用，这会导致某些恶意进行股权质押的大股东有恃无恐地侵占他方的利益，扰乱股权质押秩序。无论是金融机构还是银行之间的恶性竞争都不能得到有效的监控，很容易产生股权质押风险。

2. G公司大股东股权质押经济后果

（1）增大偿债压力，导致财务与经营困境。

2019年9月，G公司质押股份达到了1.42亿股，而后公司发布公告表示，如果股价持续下降，股票可能面临"被迫平仓"的命运。显然，股权质押具有"典当"属性，大股东能够利用股权质押获得流动资金，进而扩大公司的规模、提高公司实力或进行对外投资等，但是如果投入的资金没有带来预期的效益，就会导致资金不能回流，使企业陷入债务危机。G公司2015～2019年的偿债能力及成长能力指标如表6-9所示，G公司的流动比率和速动比率都呈现逐年下降的趋势，2019年的流动比率为0.567，速动比率为0.386，远远小于1，说明G公司的偿债能力越来越弱。此外，可以发现资产负债率逐渐上升，2019年达到了63.02%，偿债压力很大，与此同时，营业总收入增长率却逐年下降，2019年为负增长，同比下降18.14%，归属净利润为4.61亿元，同比下降48.12%，这说明股权质押融到的资金并未对公司的经营发展发挥预期的作用，甚至营业收入还出现了下降的趋势，这势必会导致公司陷入严重的财务困境。

表6-9　　　　　　　　　G公司偿债能力及成长能力指标

财务指标	2015年 12月31日	2016年 12月31日	2017年 12月31日	2018年 12月31日	2019年 12月31日
流动比率	1.073	1.043	0.994	0.782	0.567
速动比率	0.806	0.785	0.798	0.598	0.386

续表

财务指标	2015 年 12 月 31 日	2016 年 12 月 31 日	2017 年 12 月 31 日	2018 年 12 月 31 日	2019 年 12 月 31 日
现金流量比率	0.149	0.102	0.135	0.089	0.135
资产负债率（％）	56.54	54.45	55.96	59.31	63.02
营业总收入（亿元）	4.621	50.13	58.00	63.17	51.71
营业总收入同比增长（％）	6.27	985.02	15.69	8.92	−18.14
归属净利润（亿元）	0.2777	3.493	3.920	8.886	4.610
归属净利润同比增长（％）	129.09	1 157.60	12.23	126.67	−48.12
扣非净利润（亿元）	0.212	0.186	0.221	8.293	4.358

资料来源：Wind 数据库。

（2）引起股价操纵行为，加大股价崩盘风险。

大股东进行股权质押后，当股价回升然后以更高的价格出售时，这样不仅可以赚取差额，而且可以保证自己在公司的权利。在股权质押过程中，大股东的行为造成了其以较低的代价获得比起投资本金更大金额回报的倾向，因此在股权质押之后，大股东寻求自身私利的侵害动机也就更强了，一旦公司股价下跌并触及收盘警告线，质权人将以低价出售股票以弥补损失。此外，股权质押很容易引发投资者的负面情绪，降低投资意愿，资本市场上的羊群效应会增加股价崩盘风险。G 公司 2015～2020 年股票行情走势如图 6-2 所示，2015～2016 年底 G 公司的股价持续走高，最高达到 28.39 元/股，2017～2020 年，G 公司频繁进行的股权质押行为对资本市场造成了较大的冲击，股价急剧下跌，2020 年股价跌至 1.93 元/股，并且长期走低。这说明大股东股权质押行为会在一定程度上引起股价操纵，还会引发股价崩盘风险，这会导致中小投资者的投资利益受到严重损害，还会严重降低企业价值。

（3）损害中小股东利益，影响投资者的投资情绪。

根据第二类代理问题的观点，大股东通过影响上市公司的各项决策来谋取私利，从而造成其他股东的权益被盗用。在股权质押前，控制权和现金流权应当是持平的，但在股权质押后，现金流会变大，控制权和股权质押前相同，以至于现金流权大于控制权，且随着股权质押的逐年增加，两权偏度也会变得越来越大。如果大股东利用股权质押获得的流动资金用于非本公司的经营投资项

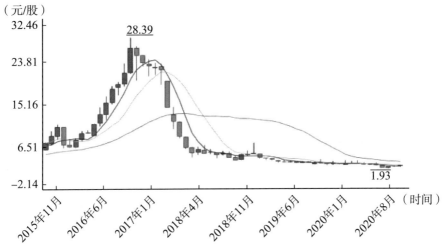

图6-2 G公司2015~2020年股票行情走势

资料来源：东方财富数据库。

目，例如，在职消费和现金套现，他们会将风险转移给公司的中小股东。因此，两种权利的偏离度将提升大股东股权质押动机。此外，如果公司经营情况不好或是其他原因导致股票价格下降至预警线，会向外界传递一种消极信号，造成股票价值飞速下跌，这极易引起股票市场的波动，影响投资者信心。

（四）大股东股权质押行为案例启示

1. 完善公司内部控制机制

大股东股权质押风险的产生，很大程度是由于股权质押规模太大，变动过于频繁。因此，公司内部需要加强股权质押的管理机制，通过设置股权质押最高比例等方法，减少不合理的股权质押行为，例如，2018年推出的制约股权质押的新制度，明确规定了"公司股权质押比率不得超过60%"，通过外部限制大股东股权质押的比例可以减少风险的发生。但是，仅从外部进行限制效果是微弱的，公司还应该从内部控制进行限制，通过增设一些制约内部股权质押的规定制度，加强公司内部监管力度，完善内部监管机制，自觉进行监督约束，才能更加有效地对大股东的股权质押活动进行规范，进而维护公司股权分配的平衡，减少其他中小股东的利益损失，例如，建立有效的考核制度和严格的审计制度，这可以加强激励效应，增强员工对企业的忠诚度，也能防范大股东与管理层串通进而侵占公司利益的风险。

2. 优化股权质押处置程序

大股东进行股权质押都会面临平仓的风险，在此情境下，由于目前质押股权的处置程序过于复杂，当质押机构急于处理手中的质押股权时，有可能不能够得到及时的处置或者仅在有价证券的价值更低时处置，这样会使股权质押机构权益下降到较低的水平，质押机构很可能面临较大的损失。因此，若要降低质押机构面临的风险，应该逐步建立一个完善便捷的质押股权处置程序，从而保障股权质押机构的利益。另外，质押机构还需加强对质押公司的监督，保障质押各方的利益。接受股权质押的质押机构，面对公司的质押请求，应该对股权质押的经济后果进行充分的评估，例如，对股权质押大股东及所在公司的财务状况和资产负债率等进行完善的调查，同时还要注意调查资料和取证的权威性和可靠性，这有助于对股权质押公司的融资动机和投资项目的分析，进而预测质押人未来的偿还能力，通过综合各种信息尽量选择风险低的上市公司进行股权质押。

3. 加强外部监管力度

银监会和中国人民银行作为大股东股权质押行为的主要监管机构，应该充分地行使处罚权并执行监督义务，加强对股权出质公司的监督，减少恶意的股权质押行为，通过高效的审查过滤"劣质"的股权质押，从而降低质权机构利益受损的风险，保障股权质押各方的利益，稳定股权质押行业的秩序。一方面，监管机构应与相关部门共同完善股权质押有关法律，充实股权质押的法律基础，并且严格依照法律执行处罚规定，对进行股权质押的大股东发挥一定的警示作用。另一方面，要完善信息披露制度，加大对股权质押违规披露信息行为的惩罚力度，提高公司违规披露信息的成本，从而抑制大股东的自利行为。同时，投资者进行投资时要时刻保持理性的判断，对高比例股权质押的公司保持较高的警惕性，在二级市场上选取股票时应对公司的相关信息进行详尽的调查和评估，合理规避股权质押风险，保障自身利益。

三、大股东减持行为案例研究——以 L 公司为例

随着股权分置改革的完成，上市公司大股东持有的原非流通股份能够在二级市场中自由流通，因此，资本市场上大股东减持现象十分严重，由于其发生次数多、涉及数量大并且对股价冲击力大等特点，这一现象受到投资者、证券监管层等利益相关者的广泛关注。目前，已经有相当多的国内外学者对大股东

减持行为进行了大量的研究，发现减持会带来其他负面效应，例如，大股东通过减持本公司的股票来谋取私人收益，并且在减持股票过程中存在正向盈余管理行为（张利红和刘国常，2014），还极易引起同行业或同地区企业大股东减持的"传染效应"（易志高等，2019），引发规模性的股价崩盘风险。本节以L公司为例，对大股东集中减持前后的时间段内的股价、财务指标等数据作出分析，探讨了我国上市公司大股东减持的行为动机及经济后果，以期帮助投资者了解新形势下大股东的减持行为，寻求更为有效的保护中小投资者的措施，并为进一步加强对大股东自利行为的监管提供决策参考依据。

（一）大股东减持行为文献回顾

1. 大股东减持的行为动机

在我国股权分置改革之后，出现了上市公司大股东以及高层管理人员大批扎堆减持股票的行为，根据 Wind 数据显示，从股改开始至 2015 年期间，上市公司大股东减持规模不断上升，在 2015 年达到 1 330 亿元的峰值，之后国家相继出台了一系列监管政策，例如，2017 年出台实施的"减持新规"，2018 年的大股东减持规模下降至 486 亿元，虽然稍有回落，但是减持规模仍然较大。此外，2020 年合计有 2 384 家上市公司新增股份开始流通，对应总流通市值约为 4.61 万亿元，而 2018 年与 2019 年该数值分别为 2.92 万亿元和 3.30 万亿元，由于大量新增限售股份开始流通，各公司的减持计划也不断提上日程，近两年来大股东减持规模又开始上升。因此，学者们对大股东减持的行为动机进行了广泛的研究，主要可以归纳为信息优势和公司治理两个方面。

从信息优势方面来看，大股东不仅可以提前获取大量的内幕消息，还对公司的业绩发展和市场表现有较为准确的认知与判断（朱茶芬等，2010），因此，与外部投资者相比，大股东拥有较高的信息优势，可以通过预先的内部信息进行减持进而使得自身利益最大化，这也会在一定程度上反映出大股东减持的时机选择。李志文和陈超（2011）研究发现当上市公司估值过高或者发展前景较差时，出于流动性需求以及财富管理等目的，大股东会利用信息优势进行减持，在估值较低时再重新回购。朱茶芬和袁渊（2010）的研究结果也证实了公司股票价值越可能被高估时，大股东减持的概率越高。从公司治理方面来看，基于委托代理理论，公司所有者和管理者之间存在信息不对称，委托代理成本会促使大股东进行减持行为。韩京芳和王珍义（2012）研究发现，股权集中度越高，股权制衡度越低的公司，大股东减持的可能性越大。

2. 大股东减持的经济后果

对于大股东减持行为的经济后果，一些学者认为减持有利于上市公司的发展，能够提高公司的经营发展状况和股东的财富；但是更多的学者认为减持的弊端远远大于其正面影响。他们认为，一方面大股东可以通过在减持前披露"利好"消息以实现自身利益最大化，从而损害中小股东的利益。傅利平和张大勇（2011）研究发现在全流通背景下，大股东利用信息优势对股份增持或者减持的行为已经成为一种新的表现形式，即"隧道行为"。刘亚莉和李静静（2010）研究发现大股东的减持行为可以作为控制权私有收益的新渠道，陈耿和杜烽（2012）研究发现大股东有强烈的动机操纵二级市场股票价格，通过价格操纵等方式择机进行减持，从而增加个人财富。另一方面，高管作为公司实际控制人，其减持行为通常向外部市场传递着公司发展前景不乐观以及内部人缺乏信心等负面信息（Field & Hanka，2001），还通常伴随着严重的信息不对称问题。朱红军等（2010）研究发现大股东减持公告期内市场反应为负且呈"倒 U"型。朱茶芬等（2011）研究发现大股东减持会向市场传达出当前公司估值偏高或前景不佳的新信息，市场会对此迅速作出负面反应，尤其是在公告当日，市场对业绩较差、民营控股的公司会表现出更显著的负面反应。

3. 大股东减持相关政策规定

股改之前，对于股票流通的限制性的初衷是为了加强公司治理，保证企业的稳健发展，但是同时也会损害公司所有者和管理层的利益，从而会加剧代理问题，对公司治理产生消极作用。之后，我国"摸着石头过河"，进行了重要的股权分置改革，改革后的大股东间减持行为出现了"大小非"股票（徐昭，2014），并没有太多的国外经验可以借鉴。因此，有关监管部门根据股改的不同进行阶段，出台了一系列政策要求（代兵，2019），以规范大股东减持行为，维持资本市场秩序。

首先，2013 年版的《证券法》是由证监会制定，在公司上市以及股票流通方面最常用的法律文件，其中对大股东减持行为也作出了相关的规定。例如，第 38 条规定，大股东如果持有公司的绝大部分股份，那么所持股份必须用于企业的固定资金，不能作为流动资金来发行股票；第 204 条规定，如果大股东违规将这些股票对外出售，那么证监会有权利对该公司股东进行罚款。此外，2014 年上交所公布了《上市公司股东减持股份预披露事项（征求意见稿）》，进一步加大了对大股东减持行为的监管和约束。

其次，为了稳定证券市场，针对公司大股东、董事以及监事等人的减持行为作出明确的约束和规范，证监会于 2015 年 7 月 8 日发布公告 18 号文，其中强调了大股东减持比例的限制性条款，同时要求持股比例超过 5% 的投资者增持或减持自身持有 5% 的股份，必须要对该减持行为进行公开的信息披露，如若没有按照规定进行披露或者进行虚假披露，则会收到监管机关的警告并予以处罚。

最后，根据我国资本市场的发展情况，同时为了保证政策的有效衔接，证监会于 2016 年又出台了《上市公司大股东、董监高减持股份的若干规定》，文件指出大股东减持在必要的时候可以进行，但是不能一直持续下去，同时要求大股东减持力度要控制在合理范围之内，不能损害公司和中小股东的利益，引起资本市场的强烈波动。文件出台后，各大公司均及时响应，对公司的经营活动进行了调整，有效地制衡和管制了大股东的减持行为，对投资者权益起到了一定的保护作用。

（二）大股东减持行为案例介绍

1. L 公司简要介绍

L 公司成立于 2004 年，并于 2010 年 8 月在我国深交所创业板上市，所属证监会行业是信息传输、软件和信息技术服务业—互联网和相关服务，不仅是行业内全球 IPO 上市公司，还是我国 A 股上市最早的视频公司。作为一家国家级高新技术企业，L 公司致力成为世界领先的家庭互联智能娱乐服务提供商，即以用户体验为核心，结合分众自制和生态开放战略，打造以智能电视为核心的大屏互联网家庭娱乐生活，努力成为以家庭互联网为平台的消费升级大潮的引领者。同时，L 公司积极打造基于视频产业、内容产业和智能终端的"平台 + 内容 + 终端 + 应用"完整生态商业模式，采用多元化发展，其产业业务链涵盖互联网视频、影视制作与发行、智能终端、应用市场、电子商务、互联网智能电动汽车等。

股权结构作为公司治理的重要一环，对公司的代理成本以及各项财务决策和发展战略发挥着指导性作用。表 6 - 10 列示出了 L 公司前十大流通股东以及各自的持股情况。截至 2020 年 12 月 31 日，L 公司的第一大股东是贾某亭，持股数量为 89 837 万股，占总股本的 22.52%。此外，天津 J 有限公司、刘某和贾某民分别持有 L 公司 34 142 万股、5 083 万股和 2 451 万股股份，持股比例分别达到了 8.56%、1.27% 和 0.61%。通过计算不难发现，L 公司的股权比较集中，前十大股东总持股比例超过 30%，并且第一大股东持股比例就超过了 22%，远远高于其余股东持股比例，存在"一股独大"的问题，这说明贾某亭享有绝对控股地位,对公司的战略决策和发展方向享有绝对的话语权。一方面,较为集中的控制权有利于公司的经营决策,能够避免分散化的股权结构导致的经营者与股东意见不一致等问题;另一方面,过于集中的控制权会加大企业经营的不确定性风险,例如,大股东为了套现而进行的减持行为很容易引起公司股价的剧烈动荡,还会加剧信息不透明度,消减投资者的投资信心,加大融资约束,进而对企业的长远发展造成负面影响。

表 6 - 10　　　　　　　　　L 公司前十大股东及持股情况

股东名次	股东名称	持股数量（万股）	持股比例（%）	股份性质
1	贾某亭	89 837	22.52	限售流通 A 股
2	天津 J 有限公司	34 142	8.56	限售流通 A 股
3	刘某	5 083	1.27	流通 A 股
4	贾某民	2 451	0.61	流通 A 股
5	L 控股（北京）有限公司	2 388	0.60	限售流通 A 股
6	D 金融资产管理计划	1 861	0.47	流通 A 股
7	陈某	1 710	0.43	流通 A 股
8	毕某	1 600	0.40	流通 A 股
9	G 金融资产管理计划	1 517	0.38	流通 A 股
10	Z 金融资产管理计划	1 348	0.34	流通 A 股

资料来源:Wind 数据库,L 公司公告。

2. L 公司大股东减持过程回顾

随着我国资本市场的快速发展,自 2014 年以来,股市迎来了一个整体层面的上涨行情,这会促使更多的投资者带资"跑步"入场,同时由于股票市场存在显著的"羊群效应",投资者的情绪高涨,不到一年之内,股价节节攀升,很多公司的价值被高估。同时,L 公司也在进行战略转型,从传统视频传媒领域向视频游戏、网络购物、软件开发等业务转变,迫切需要大量资金支持。在资本市场行情向好以及企业自身发展等多方面的影响下,L 公司的大股东贾某亭抓准时机,通过大宗交易和协议转让的方式进行了高达 50 多亿元的大规模减持,两次减持一共出售 1.35 亿股,约为总股份的 7%,两次减持具体情况见表 6 - 11。

表6-11　　　　　　　　　　贾某亭两次减持具体情况

减持次数	股份性质	减持前持股数量（万股）	减持前持股比例（%）	减持后持股数量（万股）	减持后持股比例（%）
第一次	合计持有股份	818 084	44.21	78 284.4	42.3
	其中：无限售条件股份	20 452.1	11.05	16 928.0	9.15
	其中：有限售条件股份	62 356.3	33.15	61 356.4	33.15
第二次	合计持有股份	78 288.4	42.3	68 288.4	36.79
	其中：无限售条件股份	16 928.1	9.15	6 928	3.64
	其中：有限售条件股份	61 356.3	33.15	61 356.4	33.15

资料来源：Wind 数据库，L 公司公告。

（1）第一次减持。

2015 年 5 月 26 日，L 公司发布了《关于大股东、实际控制人股份减持计划的公告》，称"为了缓解公司资金压力，满足公司日常经营资金需求，实际控制人贾某亭计划在未来 6 个月内（2015 年 5 月 29 日~11 月 28 日）减持其个人直接持有的 L 公司股票不超过 14 805 万股，即不超过公司股份总数的约 8%，并将其所得全部资金借给公司作为营运资金使用，借款将用于公司日常经营，公司可在规定期限内根据流动资金需要提取使用，借款期限将不低于 60 个月，免收利息。"按照 L 公司在 2015 年 5 月 26 日二级市场的收盘价 76.34 元来核算，市场预计 L 公司减持金额将高达 100 多亿元。虽然在公告中，贾某亭承诺将减持款项全部无偿借予 L 公司使用，但因减持金额巨大，公告一出，A 股市场即引发极大争议，甚至招致部分业界人士严词抨击。2015 年 6 月 3 日，L 公司发布了《大股东减持公司股份的提示性公告》，称"贾某亭 2015 年 6 月 1~3 日通过深交所大宗交易方式累计减持公司无限售条件流通股 3 524 万股，占公司截至 2015 年 6 月 3 日总股本 185 062 股的 1.90%。"根据本次公告披露的减持股数和减持均价，可以计算出，第一轮实际减持金额将近 25 亿元。

（2）第二次减持。

2015 年 10 月 30 日，L 公司再度发布《关于大股东协议转让部分公司股票暨完成股份减持计划的提示性公告》。根据公告内容，L 公司实际大股东贾某亭通过协议转让的方式减持 L 公司股票 1 亿股，L 公司发布了《简式权益变动报告书》，称"拟转让股份的转让价格为每股人民币 32 元，股份转让总价款共计人民币 32 亿元。"同日，L 公司发布公告表示："本次协议转让所得资金将全部借给公司作为营运资金使用，借款将用于公司日常经营，借款期限将不低于 60 个月，免收利息（具体约定条款将以后续正式签署的借款协议为准）。"从上述 L 公司公开披露的信息可以得知，L 公司第一大股东贾某亭分别于 2015 年 6 月和 10 月通过大宗交易方式和协议转让方式大规模减持了 L 公司股票，减持金额分别达到了 24.996 亿元和 32 亿元，两轮减持金额合计 56.996 亿元。值得注意的是，在这两轮减持公告中，L 公司均明确表示，贾某亭减持所得资金将全部借给 L 公司作为营运资金所用。

（3）宣称无息借款给公司。

2015 年 6 月 22 日，L 公司董事会会议决定通过《关于大股东向公司提供借款的议案》，贾某亭与 L 公司签订的第一笔资金《借款协议》规定：借款金额不少于 25 亿元，借款期限不低于 10 年，无利息，主要用于公司的运营。2015 年第二季度报告显示，贾某亭提供的免息借款金额约为 15.7 亿元，第三季度报告显示贾跃亭提供的免息借款达到 31.7 亿元，借款总额超过之前约定的 25 亿元。但是，大股东贾某亭所减持的资金是否已全额借予 L 公司仍存在疑问。L 公司 2015 年年中报资产负债表显示，"其他非流动负债"项下期末余额 32.74 亿元，明细数据显示"贾某亭无息借款"为 15.65 亿元，2015 年年报显示，"其他非流动负债"项下反映的贾跃亭提供的无息借款仅为 20.71 亿元，这与贾某亭两轮减持股票的所得款项 56.996 亿元相差了 36.29 亿元。

（4）涉嫌信息披露违规行为。

L 公司大股东在两轮减持公告中均明确表示，大规模减持的目的是"缓解公司资金压力，满足公司日常经营资金需求"，减持公告中均承诺："所得资金将全部借给公司作为营运资金使用。"然而，截至 2015 年的资产负债表日，贾某亭向 L 公司提供的无息借款金额仅为 20.71 亿元，远低于其减持股票的所得价款 56.996 亿元。此外，L 公司 2015 年年报第五节"要事"项表示"对于 2015 年 6 月减持所得资金借予上市公司事项，贾某亭承诺将已经减持所得资金"全部"借予上市公司使用，上市公司进行还款后，还款所得资金贾某亭将自收到还款之日起 6 个月内全部用于增持 L 公司股份。"L 公司公告声称"报告期内，承诺人遵守了所做的承诺"，对大股东的这一重大承诺事项及其履行情况却避而不谈，似乎暗示着截至 2015 年末，该承诺事项尚未履行，这显然存在信息披露不实的情况。L 公司年报中的表述与该项承诺的实际履行情况似乎并不相符，难免有虚假陈述之嫌。

之后，L 公司于 2017 年 11 月 10 日发布公告称"贾某亭在回函中表示无力履行无息借款与增持承诺，深表歉意"。2019 年 4 月 29 日，L 公司收到中国证监会《调查通知书》，因 L 公司及贾某亭涉嫌信息披露违法违规等行为，证监会决定对其进行立案调查。2019 年 11 月 1 日，其收到北京市第三中级人民法院通知，要求 L 公司需于 2019 年 11 月 7 日前支付诉讼费 612 万元，否则视为撤诉。L 公司存在因支付巨额诉讼费，将导致现金流断裂的风险。2020 年 2 月 28 日，L 公司发布 2019 年度财务报告，公司 2019 年实现营业总收入 4.9 亿元，同比下降 69.01%；归属上市公司股东的净亏损达 112.8 亿元，较去年净亏损 41 亿元同比扩大 175.46%。2020 年 5 月 14 日，L 公司股票被终止上市。

（三）大股东减持行为案例分析

1. L 公司大股东减持动因分析

（1）大股东资金紧张，履约能力受限。

L 公司减持公告中明确表示，大股东巨额减持的原因是"为了缓解公司资金压力，满足公司日常经营资金需求"，并在多份公告中均承诺："减持所得资金将全部借给公司作为营运资金使用。"在大股东减持半年多后，却迟迟未能履行承诺。一方面，L 公司财务状况不断恶化，2015 年 9 月末以来，L 公司短期借款由 13.47 亿元上升至 19.29 亿元，增加了 5.82 亿元；长期借款由 0 增至 3 亿元；应付债券则由 9.83 亿元上升至 19.05 亿元，增加了 9.21 亿元。这说明 L 公司的资金压力不仅没有得到缓解，反而有进一步加大的迹象。另一方面，L 公司大股东迟迟未履行借款承诺，并非是由于公司财务状况改善，不需要通过借款获得资金所致，很可能是因为大股东遭遇资金压力，要通过减持进行套现，难以在减持股份后立即履行承诺，向 L 公司提供资金。同时，大规模减持肯定会受到市场以及投资者的过度关注，为了合理应对外界的质疑，大股东当初承诺将减持股票所得全部资金无偿提供给 L 公司，或许只是其减持股份的一个借口，其减持股票并非是为了缓解上市公司的资金压力，仅仅是为了缓解其自身减持股票面临的市场质疑的压力，大股东并无诚意和动力向上市公司无偿提供资金，只是一种自利行为掩人耳目的手段而已。

（2）信息不对称，股权制衡机制失效。

大股东容易在股价高点减持套现很重要的原因就是大股东和外部投资者之间存在信息不对称。由于资本市场投资情绪与公司披露的利好以及利空消息关联度非常高，大股东作为公司发展战略的决策制定者，掌握的信息远远多于外部投资者的信息，因此大股东拥有很高的信息优势，可以提前知晓公司的重要信息，完全有能力也有可能利用信息不对称进行相关操作，从而获取大额收益，导致中小股东权益受损。此外，表 6 - 10 的数据显示，L 公司第一大股东持股比例就超过了 22%，股权高度集中，其余股东对大股东的制衡机制无法发挥作用，公司内部治理机制不完善。同时，公司董事会往往由大股东控制，不仅会使其缺乏最基本的独立性，加大代理成本，损害小股东的利益，还会增大企业决策失败的风险，决策稍有失误就会为高速运转的公司带来风险，同时会增加内部股东矛盾，影响企业的高质量发展。

（3）经营业绩下降，减持获得投资收益。

L 公司在 2014～2015 年成长迅速，业务领域不断拓宽，组织架构愈加复杂，与此同时，公司面临的财务压力和经营风险也越来越大。根据 L 公司披露的年报信息显示，应收账款从 2012 年的 3.7 亿元上升至 2015 年的 33.6 亿元，应收账款的大量增加导致了公司陷入严重的流动性问题，限制了企业的市场战略扩张和多元化转型发展。同时，L 公司 2014 年的净利润同比下降了 44.4%，资产负债率高达 62.23%，经营业绩出现了大幅下滑。尤其当公司经营出现问题的时候，L 公司股价和市盈率表现却很抢眼，受到了众多投资者的青睐，而大股东担心公司估值过高，手中持有的股票可能存在泡沫危机时，就会选择减持来获取证券投资收益。图 6-3 列示了 L 公司 2012～2020 年的股票行情走势，可以发现，L 公司的股价在 2015 年第一季度末达到每股 93.72 元，市盈率也高达 216.54，估值非常高，最高点达到每股 179.03 元，贾某亭在该区间内进行减持能够获取巨额的投资收益。之后，由于 L 公司大规模的减持套现，并且没有兑现承诺，涉嫌虚假信息披露等违规行为，股价一路下跌，2018 年为每股 0.17 元，最终退市。

图 6-3　L 公司 2012～2020 年股票行情走势

资料来源：东方财富数据库。

2. L公司大股东减持经济后果

（1）变相减持，加大资本市场金融风险。

虽然L公司大股东巨额减持的行为并不违反现行的任何法律，但却违反了有关救市政策，属于钻法律空子的违规行为。股改之后，政府出台了非常明确的政策规定，要求大股东半年内不得减持所持股份，已成市场各方共识，也是市场得以稳定的重要原因。2015年，L公司大股东公然变相减持，钻法律的空子，彻底破坏了市场共识。政府如不能紧急制止，则在创业板近百倍、中小板近50倍市盈率的情况下，股灾前大股东疯狂减持的一幕必将重演，引发市场巨大恐慌，导致市场再次大跌。而L公司涉嫌违规隐瞒公司盈亏信息以及可疑的巨额套现动机，暴露出我国证券市场的诸多深层次问题和隐患，例如，暴露了市场监管不力，尤其是对于大股东主动向上市公司输送利润的新型财务操纵手法的麻木和无所作为，还有创业板和中小板估值严重偏高，市场也要意识到上市公司大股东减持股份的坚决性和迫切性。如果没有受到严厉的惩处，极可能引发其他上市公司模仿，从而引发资本市场的金融风险，L公司的巨额减持行为可能会成为大盘暴跌和牛市结束的导火索。

（2）财务操纵，破坏资本市场秩序。

L公司的减持行为和无息借款实质是关联交易，已经涉及了违规披露、财务操纵等违规行为，后果极其危险。L公司大股东无息借款给上市公司是典型的关联交易和利益输送行为，直接增加了上市公司的利润，属于典型的财务操纵，不仅严重违背了市场经济公平等价的交易原则，而且违反了有关不得人为操纵上市公司利润的法律。试想一下，如果上市公司大股东可以无息借款给上市公司的话，那么重资产、高负债公司的大股东是否也可以这么做呢？商业类、制造类公司的大股东是否可以通过高买低卖的方式做高上市公司利润呢？如某些公司是否可以瞬间扭亏，然后再高位减持，股权变债权呢？不论表面的理由和借口多么高尚，但L公司大股东无息借款给上市公司的实质是赤裸裸的财务操纵。如果对此放任不管的话，就等于默许大股东可以对上市公司进行财务和利润操纵，这会严重破坏我国的资本市场秩序，而且也将对我国的市场经济造成巨大的伤害。

（3）降低披露质量，影响公司形象。

大股东在进行减持套现之前，不管减持是出于何种目的，都会选择在股价高点进行操作，从而使得自身收益最大化，这会使得公司大股东具有强烈的动机延迟披露不利的消息，及时披露有利消息，这无疑会使披露信息的质量下降。在该案例中，无论L公司大股东是否履行了相关承诺，其年度报告都有必要就大股东承诺履行的情况如实予以披露。如相关承诺尚未得到履行，L 公司也有必要对该承诺事项后续履行进展情况、对承诺尚未履行的原因予以披露。然而实际上，L 公司公告称"报告期内，承诺人遵守了所做的承诺"，却对大股东的这一重大承诺事项及其履行情况避而不谈，存在信息披露不实的情况，这将会影响投资者的选择，降低投资者的投资信心，还会降低企业形象，加大融资难度。此外，L 公司如此大规模的连续减持，不仅会造成股价大幅波动，还会引起公司运营资金效率降低。因此，无论大股东减持行为或多或少，都会影响公司的发展，所以需要企业对于大股东的减持规模加以控制。

（四） 大股东减持行为案例启示

1. 增强主营业务竞争力

L 公司大股东巨额减持行为声称是为了满足企业的发展需要，但是实际上 L 公司的经营业绩也在不断下滑，减持获取的收益也并没有按照预期那样无偿借予公司。因此，很大可能是因为 L 公司进行多元化战略发展之后，发现市场战略扩张不及预期，可能会遭受巨大损失，所以选择高位减持套现以回笼资金。实际上，利用减持获取的资金进行缓解公司现金流压力是有一定的局限性的，若公司的主营业务收入持续下滑，导致公司财务状况恶劣，股票市场动乱，很容易导致大股东失去手中的股份，丧失对公司的部分控制权。因此，持续经营作为企业生存的基本属性，增强公司的主营业务能力，在保证核心业务运转良好的基础上，结合自身公司实际能力，综合评价决策风险，制定长远的发展战略进行业务的转型升级，L 公司才有可能走出经营困境。

2. 优化公司内部治理结构

公司内部治理结构是决定公司能否稳健发展的关键因素之一。当前，我国大部分上市公司都形成了较为完善的内部治理机制，例如，董事会、监事会、独立董事监督等，但是大股东侵害上市公司利益行为仍然时有发生。究其原因，无非就是其治理机制失效，相应的董事会、监事会成员，独立董事等没有发挥其监督的职能。因此，L 公司需要优化公司内部治理结构，发挥内部制衡机制，例如，减少两职合一，优化董事会成员分布，将董事长和总经理的职位分离开来，可以有效地防控大股东减持行为以及其他关联交易行为的发生。此外，可以考虑适当增设代表中小股东的独立董事，完善独立董事履职评价体系。独立董事在公司内发挥着监督和咨询的双重作用，定期对独立董事进行履职评价可以提升独立董事的责任感和独立性，这样才能对大股东行为进行有效的监督制约。还有优化公司的股权结构，避免一股独大，例如，通过股权激励计划、加大员工持股、引进机构投资者等方式，不仅能够提升员工工作热情，还能有效加强外部监督，加大对大股东自利行为的监控力度。

3. 加强信息披露监管力度

由于我国证券市场成立初期，相关监管制度不够完善，在后续的高速成长过程中暴露出了不少问题。例如，对大股东减持的信息披露规定不具体，导致中小股东无法提前了解大股东的减持计划和减持动机，只能在事后上市公司的信息披露中简要了解大股东的减持结果。这样的结果不仅加剧了大股东与中小股东之间本来就存在的信息不对称问题，而且降低了上市公司信息的有效性。尤其是对于大股东减持这一行为，更容易存在信息披露不及时、虚假披露等情况。因此，要进一步完善相关信息的披露制度，建立预披露制度。尽管全流通后，大股东的利益实现方式的多元化有助于减轻该行为对会计稳健性的负面影响，但是大股东的利益侵占动机并未由于全流通而消失，只是变得更加隐蔽，并且最终控制人控制权与现金流权差异的扩大，客观上降低了大股东的利益侵占成本，增强了其侵占动机。在我国上市公司内公司外部治理效果仍然较差的情况下，需要监管部门通过更为严格的法律规范以及更为完善的监控体系来予以补充。

第七章

研　究　结　论

　　会计信息质量是近年中外学者均很关心的一个会计研究话题，尤其是在2008～2009年的全球性金融危机后，很多不稳健的会计处理方法备受指责。在对已有文献梳理和评述的基础上，本书以会计稳健性作为会计信息质量的考察角度，对全流通前后关联方交易与会计稳健性之间的关系进行探讨。具体而言，本书在各章的研究中共得到以下发现：

　　第一，本书在分别对我国上市公司的关联方交易和会计稳健性的时间序列变化趋势进行考察后发现，我国 A 股上市公司中有超过一半的关联方交易是发生在上市公司与大股东之间，并且随着时间的推移，上市公司与大股东之间的关联方交易呈现出规模和频率均不断上升的趋势。在对这些关联方交易细分为四类后，本书发现虽然日常商业类关联方交易的规模有逐年下降的趋势，但仍是上市公司与大股东之间最常发生的关联方交易。而从稳健性的时间序列特征来看，本书分别使用已有研究中最为常用的巴苏（Basu，1997）[12]模型、应计模型和卡恩和瓦茨（Khan & Watts，2009）[88]的 CScore 模型分别对会计稳健性进行了度量，三类方法下会计稳健性指标均呈现出 2000 年后逐渐上升，但从 2005～2006 年开始有了下降趋势，并在之后的年度中甚至存在稳健性消失的情形，并且我国亏损公司和盈利公司均存在会计稳健性，但是亏损公司的会计稳健性显著较高。

　　第二，在单独分析了关联方交易和会计稳健性的基础上，本书第三章使用1998～2010 年的 10 430 个样本对关联方交易与会计稳健性的关系进行了探讨。本书发现由于上市公司与大股东之间的关联方交易多被大股东作为利益侵占和转移的行为，并且大股东的这些行为发生后有通过降低上市公司会计稳健性来掩盖其侵占与转移行为的倾向，表现在回归结果上，关联方交易与会计稳健性之间具有显著负相关关系，且这一关系主要存在于大股东与上市公司之间的日常商业类关联方交易之中。

本书进一步对关联方交易中上市公司所处的交易立场与会计稳健性的关系进行了探讨，发现无论是上市公司作为买方还是卖方，日常商业类关联方交易均对会计稳健性产生了显著负面影响。本书认为这说明两类利益流向的关联方交易中均存在大股东的利益侵占及之后通过降低会计信息质量来进行掩盖的行为。本书还发现，大股东对上市公司通过日常商业类交易进行的盈余操控和利益转移可能不仅是通过应计操控，还可能直接通过现金流的形式完成。在对关联方交易与会计稳健性的进一步探讨中，本书发现关联方交易对会计稳健性的负面影响随着关联方交易非公允性的加重而加深。同时本书还发现关联方交易对会计稳健性的负面影响仅存在于盈利公司和第一大股东持股比例超过50%的公司。并且在非国有控股公司中，大股东与上市公司之间的关联方交易体现为效率促进，对会计稳健性产生了积极促进效果。

第三，在分析了关联方交易与会计稳健性的基础上，本书第四章对全流通下关联方交易与会计稳健性关系的变化进行了探讨。本书发现由于全流通后股东利益实现方式的多元化，大股东对上市公司业绩和股价变得更加关注，随着股票流通性的逐渐增强，全流通后关联方交易对会计稳健性的负面影响显著减弱，体现为大股东通过关联方交易掏空上市公司的动机显著减弱，与之相伴的降低会计稳健性的动机也减弱，并且大股东这种利益侵占动机的减弱主要出现在日常商业关联方交易中。而抵押担保类关联方交易与会计稳健性之间的关系却有相反方向的变化，具体而言，全流通前抵押担保类关联方交易与会计稳健性显著正相关，但是全流通后两者关系有了显著的负向变化。

本书认为全流通后虽然大股东通过日常商业类关联方交易掏空上市公司的行为显著减弱，但是大股东的掏空动机仍然存在，只是变得更加隐蔽和不易察觉，全流通后大股东通过抵押担保掏空上市公司的行为显著增多，并且全流通后大股东通过产权类关联方交易支持上市公司行为增多的同时，其通过产权类关联方交易掏空上市公司的行为也同样增多。

第四，对于全流通过程中会计稳健性的显著下降，本书认为这一方面是由于进入股改程序当年，大股东为了能够降低股改方案中对流通股股东的对价支付水平以及加速股改方案的通过速度，有强烈动机抑制坏消息披露、加速好消息披露，制造上市公司未来发展充满光明前景，增强其在与流通股股东中的谈判筹码。另一方面，2007年开始实施的新会计准则对公允价值的全面引入，是降低会计稳健性的另一重要原因。

第五，在公司外部治理机制对关联方交易与会计稳健性关系的考察中，本书发现全流通后机构投资者的持股比例和其对大股东的股权制衡程度均有显著提升，而四大在中国 A 股上市公司的审计比例有显著萎缩。在对上市公司与大股东关联方交易的影响上，机构投资者在全流通后对关联方交易产生了显著的"抑制"作用，体现出全流通后机构投资者的治理效果，而债权人在全流通前就已存在的对关联方交易的"抑制"作用始终存在。而上市公司的借款规模与从大股东处获得抵押担保的规模在全流通前存在显著正相关关系，并且全流通后这一关系有显著增强。被出具标准无保留审计意见上市公司的大股东与上市公司之间关联方交易的规模较小。

从公司外部治理与会计稳健性的关系来看，全流通前机构投资者对会计稳健性存在的显著负面影响发生了逆转，体现为全流通后机构投资者对会计稳健性需求的显著提升，机构投资者对提升上市公司会计信息质量的积极作用得以体现。但是债权人在上市公司会计稳健性提升中的"激励"作用在全流通后却显著减弱，体现出全流通后债权人治理效力的下降。四大审计公司的会计稳健性在全流通后显著提升，被出具标准无保留审计意见的公司的会计稳健性在全流通后同样有显著提升。

在对全流通前后关联方交易与会计稳健性关系的影响上，机构投资者在减缓全流通后日常商业类关联方交易对会计稳健性的负面影响上具有积极"抑制"作用，而债权人在资金债务类关联方交易对会计稳健性的负面影响上具有积极"抑制"作用。但在资金债务类关联方交易对会计稳健性的负面影响上，机构投资者却有加深的作用，同样经四大审计对全流通后抵押担保类对关联方交易的负面影响有加深的作用。

第六，本书分别以 F 公司、G 公司和 L 公司的案例，对大股东掏空、股权质押和减持等关联方交易行为的动因和经济后果进行了进一步的分析，发现由于股权过于集中、内部治理机制失效、内控制度存在缺陷、违规成本低、外部监管力度不足、信息不对称等多方面的原因，上市公司大股东关联方交易会造成公司债务逾期、营运能力下降、业绩下滑、股价崩盘风险加大、中小股东利益受损、市场金融风险增大、资本市场秩序被破坏等经济后果。针对现存问题，可以从以下几个方面进行改善，例如，优化公司内部治理结构、增大外部投资者的持股比例、完善对中小股东的保护机制、加强市场监管及惩戒力度、加强信息披露监管力度等。

本书认为，全流通后大股东从上市公司利益转移的动机仍然存在，其行为只是变得更加隐蔽，并且最终控制人控制权与现金流权差异的逐渐扩大，使其全流通后的利益侵占成本有不断降低趋势，在我国公司外部治理效果仍然较为有限的现实情况下，需要政府监管部门加强对关联方交易的监督与管理。深入研究大股东行为变迁问题并提出一些建议措施，不仅有助于保护投资者的合法权益，还有利于上市公司和资本市场的健康长远发展。

参 考 文 献

［1］ Adams, R. B. Hat do Boards do? Evidence from Board Committee and Director Compensation Data ［C］. EFA 2005 Moscow Meetings Paper, 2005.

［2］ Admati, A. R. , Pfleiderer, P. , Zechner, J. Large shareholder activism, risk sharing, and financial market equilibrium ［J］. Journal of Political Economy, 1994, 102 (5): 1097 – 1130.

［3］ Aharony, J. , Wang, J. , Yuan, H. Tunneling as an incentive for earnings management during the IPO process in China ［J］. Journal of Accounting and Public Policy, 2010, 29 (1): 1 – 26.

［4］ Ahmed, A. S. , Duellman, S. Accounting conservatism and board of director haracteristics: An empirical analysis ［J］. Journal of Accounting and Economics, 2007 (43): 411 – 437.

［5］ Ahmed, A. S. , Morton, R. M. , Stanford – Harris, M. The Role of Accounting Conservatism in Mitigating Bondholder – Shareholder Conflicts over Dividend Policy and in Reducing Debt Costs ［J］. The Accounting Review, 2002, 77 (4): 867 – 890.

［6］ Aivaziana, V. A. , Ge, Y. , Qiu, J. Can corporatization improve the performance of state-owned enterprises even without privatization ［J］. Journal of Corporate Finance, 2005 (11): 791 – 808.

［7］ Armstrong, C. S. , Guay, W. R. , Weber, J. P. The role of information and financial reporting in corporate governance and debt contracting ［J］. Journal of Accounting and Economics, 2010 (50): 179 – 234.

［8］ Ball, R. , Kothari, S. P. , Robin, A. The effect of international institutional factors on properties of accounting earnings ［J］. Journal of Accounting and Economics, 2000, 29 (1): 1 – 51.

［9］ Ball, R. , Watts, R. L. , Zimmerman, J. L. Five year report on the Journal of Accounting and Economics ［J］. Journal of Accounting & Economics,

1997, 23 (1): 3 - 6.

[10] Ball, R., Shivakumar, L. The Role of Accruals in Asymmetrically Timely Gain and Loss Recognition [J]. Journal of Accounting Research, 2006, 44 (2): 207 - 242.

[11] Barclay, M. J., Holderness, C. G. Private benefits from control of public corporations [J]. Journal of Financial Economics, 1989, 25 (2): 371 - 395.

[12] Basu, S. The conservatism principle and the asymmetric timeliness of earnings [J]. Journal of Accounting and Economics, 1997 (24): 3 - 37.

[13] Beatty, A., Weber, J., Yu, J. J. Conservatism in debt [J]. Journal of Accounting and Economics, 2008, 45 (2 - 3): 154 - 174.

[14] Beaver, W. H., Ryan, S. G. Conditional and Unconditional Conservatism Concepts and Modeling [J]. Review of Accounting Studies, 2005 (10): 269 - 309.

[15] Beaver, W. H. Conservatism [C]. Annual meeting of the American Association of Accounting, 1993.

[16] Beaver, W. H. Market efficiency [J]. The Accounting Review, 1981, 56 (1): 23 - 37.

[17] Beekes, W., Brown, P. Do Better - Governed Australian Firms Make More Informative Disclosures? [J]. Journal of Business Finance & Accounting, 2006, 33 (3 - 4): 451 - 458.

[18] Beekes, W., Pope, P., Young, S. The Link between Earnings Timeliness, Earnings Conservatism and Board Composition: Evidence from the UK [J]. Corporate Governance: An International Review, 2004, 12 (1): 47 - 59.

[19] Beltratti, A., Bortolotti, B. The Nontradable Share Reform in the Chinese Stock Market. FEEM Working Paper, 2006, No. 131.

[20] Berkman, H., Cole, R. A., Fu, L. J. Political Connections and Minority - Shareholder Protection: Evidence from Securities - Market Regulation in China [J]. Journal of Financial and Quantitative Analysis, 2010, 45 (6): 1391 - 1417.

[21] Berle, A. A., Means, G. C. The modern corporation and private property [M]. Brace and World, New York, 1932.

[22] Bertrand, M., Mehta, P., Mullainathan, P. Ferreting out Tunneling: An Application to Indian Business Groups [J]. Quarterly Journal of Economics,

2002, 117 (1): 121 – 148.

[23] Biddle, G. C. , Ma, M. L. , Song, F. M. Accounting conservatism and bankruptcy risk [J]. Working Paper, 2011.

[24] Boyd, B. K. CEO duality and firm performance: A contingency model [J]. Strategic Management Journal, 2005, 16 (4): 301 – 312.

[25] Bushee, B. J. The influence of institutional investors on myopic R&D investment behavior [J]. Accounting Review, 1998, 73 (3): 305 – 333.

[26] Bushman, R. M. , Piotroski, J. D. , Smith, A. J. What Determines Corporate Transparency [J]. Journal of Accounting Research, 2004, 42 (2): 207 – 252.

[27] Bushman, R. M. , Smith, A. J. Financial accounting information and corporate governance [J]. Journal of Accounting and Economics, 2001 (32): 237 – 333.

[28] Bushmanan, R. M. , Piotroski, J. D. Financial reporting incentives for conservative accounting: The influence of legal and political institutions [J]. Journal of Accounting and Economics, 2006, 42 (1 – 2): 107 – 148.

[29] Byun, H. Y. , Hwang, L. S. , Lee, W. J. How does ownership concentration exacerbate information asymmetry among equity investors? [J]. Pacific – Basin Finance Journal, 2011, 19 (5): 511 – 534.

[30] Campello, M. , Ribas, R. P. , Wang, A. Is the Stock Market Just a Side – Show? Evidence from the Split – Share Reform in China [EB/OL]. Working Paper, 2010.

[31] Chan, K. , Wang, J. , Wei. , K. C. J. Underpricing and long-term performance of IPOs in China [J]. Journal of Corporate Finance, 2004 (10): 409 – 430.

[32] Che, J. , Qian, Y. Insecure Property Rights and Government Ownership of Firms. Quarterly Journal of Economics, 1998, 113 (2): 467 – 496.

[33] Chen, H. , Chen, J. Z. , Lobo, G. J. , Wang, Y. Association between Borrower and Lender State Ownership and Accounting Conservatism [J]. Journal of Accounting Research, 2010, 48 (5): 973 – 1014.

[34] Chen, Z. , Xiong, P. Discounts on illiquid stocks: Evidence from China [EB/OL]. Yale ICF Working Paper, 2001, No. 00 – 562001.

[35] Cheung, Y. , Rau, R. , Stouraitis, A. Tunneling, propping, and ex-

propriation: Evidence from connected party transactions in Hong Kong [J]. Journal of Financial Economics, 2006, 82 (2): 343 – 386.

[36] Chi, W. , Wang, C. Accounting conservatism in a setting of Information Asymmetry between majority and minority shareholders. The International Journal of Accounting, 2010, 45 (4): 465 – 489.

[37] Claessens, S. , Djankov, S. , Fan, J. P. H. , FanLang, L. H. P. Disentangling the Incentive and Entrenchment Effects of Large Shareholdings [J]. Journal of Finance, 2002 (6): 2741 – 2771.

[38] Coase, R. H. The nature of the firm [J]. Economica, 1937, 4 (16): 386 – 405.

[39] Coase, R. H. The Problem of Social Cost [J]. Journal of Law and Economics, 1960 (3): 1 – 44.

[40] Core, J. E. , Larcker, D. F. Performance consequences of mandatory increases in executive stock ownership [J]. Journal of Financial Economics, 2002 (64): 317 – 340.

[41] Demsetz, H. , Lehn, K. The structure of corporate ownership: Causes and consequences [J]. Journal of Political Economy, 1985, 93 (6): 1155 – 1177.

[42] Denis, D. K. , McConnell, J. J. Journal of Financial and Quantitative Analysis [J]. Journal of Financial and Quantitative Analysis, 2003 (38): 1 – 36.

[43] Dietrich, J. R. , Muller, K. A. Riedl, E. J. Asymmetric timeliness tests of accounting conservatism [J]. Review of Accounting Studies, 2007 (12): 95 – 124.

[44] Dixon, W. J. , Yuen, K. K. Trimming and Winsorization: A Review [J]. Statistical Papers, 1969, 15 (2 – 3): 157 – 170.

[45] Easley, D. , Hvidkjaer, S. , O'Hara, M. Is information risk a determinant of asset returns [J]. The Journal of Finance, 2002, 57 (5): 2185 – 2221.

[46] Easton, P. , Pae, J. Accounting Conservatism and the Relation between Returns and Accounting Data [J]. Review of Accounting Studies, 2004, 9 (4): 495 – 521.

[47] Edwards, J. , Nibler, M. Corporate governance in Germany: The role of banks and ownership concentration [J]. Economic Policy, 2000, 15 (31): 237 – 267.

[48] Fama, E. F. Efficient capital markets: A review of theory and empirical work [J]. The Journal of Finance, 1970, 25 (2): 383 –417.

[49] Fan, J. P. H. , Wong, T. J. Corporate ownership structure and the informativeness of accounting earnings in East Asia [J]. Journal of Accounting and Economics, 2002, 33 (3): 401 –425.

[50] Firth, M. , Fung, P. M. Y. , Rui, O. M. Ownership, two-tier board structure, and the informativeness of earnings – Evidence from China [J]. Journal of Accounting and Public Policy, 2007, 26 (4): 463 –496.

[51] Firth, M. , Lin, C. , Zou, H. Friend or Foe? The Role of State and Mutual Fund Ownership in the Split Share Structure Reform in China [J]. Journal of Financial and Quantitative Analysis, 2010, 45 (3): 685 –706.

[52] Francis, J. R. , Martin, X. Acquisition profitability and timely loss recognition [J]. Journal of Accounting and Economics, 2010, 49 (1 – 2): 161 – 178.

[53] Franks, J. , Mayer, C. Ownership and control of German corporations [J]. Review of Financial Studies, 2003, 14 (4): 943 –977.

[54] Friedman, E. , Johnson, S. , Mitton, T. Propping and tunneling [J]. Journal of Comparative Economics, 2003, 31 (4): 732 –750.

[55] Givoly, D. , Hayn, C. The changing time-series properties of earnings, cash flows and accruals: Has financial reporting become more conservative [J]. Journal of Accounting and Economics, 2000, 29 (3): 287 –320.

[56] Goh, B. W. , Li, D. Internal controls and conditional conservatism [J]. Accounting Review, 2011, Forthcoming.

[57] Gordon, E. A. , Henry, E. , Palia, D. Related Party Transactions and Earnings Management [C]. Volume Advances in Financial Economics issue 9, 2005.

[58] Gorton, G. , Schmid, F. A. Universal banking and the performance of German firms [J]. Journal of Financial Economics, 2000, 58 (1 –2): 29 –80.

[59] Green, W. , Morris, R. D. , Tang, H. The split equity reform and corporate financial transparency in China [J]. Accounting Research Journal, 2010, 23 (1): 20 –48.

[60] Grossman, S. J. , Hart, O. D. Corporate financial structure and managerial incentives [EB/OL]. NBER Working Paper, 1982.

[61] Guidry, F., Leone, A. J., Rock, S. Earnings-based bonus plans and earnings management by business-unit managers [J]. Journal of Accounting and Economics, 1999, 26 (1 –3): 113 – 142.

[62] Hail, L., Leuz. C. International Differences in the Cost of Equity Capital: Do Legal Institutions and Securities Regulation Matter [J]. Journal of Accounting Research, 2009, 44 (3): 485 – 531.

[63] Hartzell, J. C., Starks, L. T. Institutional investors and executive compensation [J]. The Journal of Finance, 2003, 58 (6): 2351 – 2374.

[64] Healy, P. M. Effect of bonus schemes on accounting decisions [J]. Journal of Accounting and Economics, 1985 (7): 85 – 107.

[65] Henderson, A. D., Fredrickson, J. W. Top Management Team Coordination Needs and the CEO Pay Gap: A Competitive Test of Economic and Behavioral Views [J]. The Academy of Management Journal, 2001, 44 (1): 96 – 117.

[66] Hendriksen, E. S. Accounting theory [M]. Homewood, Illinois, Richard D. Irwin, 1970.

[67] Holderness, C. G. A survey of blockholders and corporate control [J]. Economic Policy Review, 2003 (4): 51 – 64.

[68] Holthausen, R. W., Larcker, D. F., Sloan, R. G. Annual bonus schemes and the manipulation of earnings [J]. Journal of Accounting and Economics, 1995, 19 (1): 29 – 74.

[69] Hovey, M., Naughton, T. A survey of enterprise reforms in China: The way forward [J]. Economic Systems, 2007 (31): 138 – 156.

[70] Hovey, M. Corporate governance in China: An analysis of ownership changes after the 1997 announcement [J]. Working Paper, 2005.

[71] Huang, A., Ma, R. Accounting in China in Transition: 1949 ~ 2000 [M]. World Scientific, 2001.

[72] Huang, J. J., Shen, Y., Sun, Q. Nonnegotiable shares, controlling shareholders, and dividend payments in China. Journal of Corporate Finance, 2011, 17 (1): 122 – 133.

[73] Huijgen, C., Lubberink, M. Earnings Conservatism, Litigation and Contracting: The Case of Cross – Listed Firms [J]. Journal of Business Finance & Accounting, 2005, 32 (7 – 8): 1275 – 1309.

[74] Hwang, I., Seo, J. H. Corporate Governance and Chaebol Reform in

Korea [J]. Seoul Journal of Economics, 2000, 13 (3): 361 –389.

[75] Inoue, T. Reform of China's Split – Share Structure Takes Shape [J]. Nomura Capital Market Review, 2005, 8 (3): 42 –59.

[76] Iyengar, R. J. , Land, J. , Zampelli, E. M. Does board governance improve the quality of accounting earnings [J]. Accounting Research Journal, 2010, 23 (1): 49 –68.

[77] Iyengar, R. J. , Zampelli, E. M. Does Accounting Conservatism Pay [J]. Accounting and Finance, 2010, 50 (1): 121 –142.

[78] Jensen, M. C. , Meckling, W. H. Theory of the firm: Managerial behavior, agency costs and ownership structure [J]. Journal of Financial Economics, 1976, 3 (4): 305 –360.

[79] Jensen, M. C. , Murphy, K. J. Performance Pay and Top – Management Incentives [J]. The Journal of Political Economy, 1990, 98 (2): 225 –264.

[80] Jensen, M. C. Agency costs of free cash flow, corporate finance, and takeovers [J]. The American Economic Review, 1986, 76 (2): 323 –329.

[81] Jensen, M. C. The Modern Industrial Revolution, Exit, and the Failure of Internal Control Systems [J]. The Journal of Finance, 1993, 48 (3): 831 – 880.

[82] Jian, M. , Wong, T. J. Propping and tunneling through related party transactions [J]. Review of Accounting Studies, 2010 (15): 70 –105.

[83] Jiang, G. , Lee, C. M. C. , Yue, H. Tunneling through intercorporate loans: The China experience [J]. Journal of Financial Economics, 2010, 98 (1): 1 –20.

[84] Jiang, G. , Yue, H. , Zhao, L. A re-examination of China's share issue privatization [J]. Journal of Banking and Finance, 2009 (33): 2322 –2332.

[85] Jiang, H. , Habib, A. Value relevance of accounting information: Evidence from split share structure reform in China [C]. Working Paper, 2010, Auckland Region Accounting Conference 2010.

[86] Johnson, S. , La Porta, R. , Lopez-de – Silanes, F. , Shleifer, A. Tunneling [J]. The American Economic Review, 2000, 90 (2): 22 –27.

[87] Kahn, C. , Winton, A. Ownership structure, speculation, and shareholder intervention [J]. The Journal of Finance, 1998, 53 (1): 99 –129.

[88] Khan, M. , Watts, R. L. Estimation and empirical properties of a firm-

year measure of accounting conservatism [J]. Journal of Accounting and Economics, 2009, 48 (12): 132 – 150.

[89] Khanna, T., Palepu, K. Is group affiliation profitable in emerging markets? An analysis of diversified Indian business groups [J]. The Journal of Finance, 2000, 55 (2): 867 – 892.

[90] Khanna, T., Palepu, K. Why focused strategy may be wrong in emerging markets [J]. Harvard Business Review, 1997, 75 (4): 41 – 51.

[91] Kim, J., Yi, C. H. Ownership Structure, Business Group Affiliation, Listing Status, and Earnings Management: Evidence from Korea [J]. Contemporary Accounting Research, 2006, 23 (2): 427 – 464.

[92] La Porta, R., Lopez-de – Silanes, F., Shleifer, A. Government Ownership of Banks [J]. The Journal of Finance, 2002 (57): 265 – 301.

[93] La Porta, R., Lopez-de – Silanes, F., Shleifer, A. The quality of government [J]. Journal of Law, Economics, and Organization, 1999, 15 (1): 222 – 279.

[94] LaFond, R., Watts, R. L. The Information Role of Conservatism. The Accounting Review, 2008, 83 (2): 447 – 478.

[95] LaFond, R. The influence of ownership structure on earnings conservatism and the informativeness of stock prices: An international comparison [EB/OL]. Working Paper, 2005.

[96] Lara, J. M. G., Osma, B. G., Penalva, F. Accounting conservatism and corporate governance [J]. Review of Accounting Study, 2009 (14): 161 – 201.

[97] Lara, J. M. G., Osma, B. G., Penalva, F. Conditional conservatism and cost of capital [J]. Review of Accounting Studies, 2011, 16 (2): 247 – 271.

[98] Lazear, E. P., Rosen, S. Rank-order tournaments as optimum labor contracts [J]. Journal of Political Economy, 1981, 89 (5): 841 – 864.

[99] Li, K., Wang, T., Cheung, Y., Jiang, P. Privatization and Risk Sharing: Evidence from the Split Share Structure Reform in China [J]. Review of Financial Studies, 2011, 24 (7): 2499 – 2525.

[100] Li, Z., Lu, W. The conservatism of accounting earning: Discovery and implication [J]. China Accounting Research, 2003 (2): 19 – 27.

[101] Lobo, G. J., Zhou, J. Did Conservatism in Financial Reporting In-

crease after the Sarbanes – Oxley Act? Initial Evidence [J]. Accounting Horizons, 2006, 20 (1): 57 – 73.

[102] Lynch, J. G. The effort effects of prizes in the second half of tournaments [J]. Journal of Economic Behavior & Organization, 2005, 57 (1): 115 – 129.

[103] Ma, T. , Martin, X. Compensation Structure and Asymmetric Timely Loss Recognition: An Empirical Analysis from Debt Contracting Perspective [EB/OL]. Working Paper, 2010.

[104] Maug, M. Large Shareholders as Monitors: Is There a Trade – Off between Liquidity and Control [J]. The Journal of Finance, 1998, 53 (1): 65 – 98.

[105] Mei, J. , Scheinkman, J. , Xiong, W. Speculative Trading and Stock Prices: Evidence from Chinese A – B Share Premia [EB/OL]. NBER Working Paper, No. 113622005.

[106] Morck. R. , Yeung, B. , Yu, W. The information content of stock markets: Why do emerging markets have synchronous stock price movements [J]. Journal of Financial Economics, 2000, 58 (1 – 2): 215 – 260.

[107] Murphy, K. J. , Van Nuys, K. Governance, behavior, and performance of state and corporate pension funds [EB/OL]. Working Paper, 1994.

[108] OECD. Guide on Fighting Abusive Related Party Transactions in Asia [R]. 2009.

[109] Peng, W. Q. , Wei, K. C. J. , Yang, Z. Tunneling or propping: Evidence from connected transactions in China [J]. Journal of Corporate Finance, 2011, 17 (2): 306 – 325.

[110] Perotti, E. C. , Von Thadden, E. Strategic transparency and informed trading: Will capital market integration force convergence of corporate governance [J]. Journal of Financial and Quantitative Analysis, 2003 (38): 61 – 86.

[111] Porta, R. L. , Lopez-de – Silanes, F. , Shleifer, A. , et al. Law and Finance [J]. Journal of Political Economy, 1998 (6): 1113 – 1155.

[112] Pound, J. Proxy contests and the efficiency of shareholder oversight [J]. Journal of Financial Economics, 1988, 20 (1): 237 – 265.

[113] Richardson, S. A. , Sloan, R. G. , Soliman, M. T. , Tuna, I. Accrual reliability, earnings persistence and stock prices [J]. Journal of Accounting and Economics, 2005, 39 (3): 437 – 485.

[114] Roychowdhury, S. , Watts, R. L. Asymmetric timeliness of earnings, market-to-book and conservatism in financial reporting. Journal of Accounting and Economics, 2007 (44): 2 –31.

[115] Scott, W. R. Financial accounting theory [M]. Pearson Prentice Hall, 1998.

[116] Shleifer, A. , Vishny, R. W. A Survey of Corporate Governance [J]. The Journal of Finance, 1997, 52 (2): 737 –783.

[117] Shleifer, A. , Vishny, R. W. Large shareholders and corporate control [J]. Journal of Political Economy, 1986, 94 (3): 461 –488.

[118] Shuto, A. , Takada, T. Managerial Ownership and Accounting Conservatism in Japan: A Test of Management Entrenchment Effect [J]. Journal of Business Finance & Accounting, 2010, 37 (7 –8): 815 –840.

[119] Silber, W. L. Discounts on Restricted Stock: The Impact of Illiquidity on Stock Prices [J]. Financial Analysts Journal, 1991, 47 (4): 60 –64.

[120] Smith, C. W. , Watts, R. L. The investment opportunity set and corporate financing, dividend, and compensation policies [J]. Journal of financial Economics, 1992, 32 (3): 263 –292.

[121] Stengel, A. , Steven, C, Issue: Corporate Governance [J]. International Financial Law Review, 1998, Supplement: 23 –27.

[122] Sun, Q. , Tong, W. H. S. China share issue privatization: the extent of its success [J]. Journal of Financial Economics, 2003 (70): 183 –222.

[123] Sun, Q. , Zhang, A. , Jie, L. I. A study of optimal state shares in mixed oligopoly: Implications for SOE reform and foreign competition [J]. China Economic Review, 2005, 16 (1): 1 –27.

[124] Tam, O. K. Ethical issues in the evolution of corporate governance in China [J]. Journal of Business Ethics, 2002, 37 (3): 303 –320.

[125] Wahal, S. McConnell, J. J. Do institutional investors exacerbate managerial myopia [J]. Journal of Corporate Finance, 2000, 6 (3): 307 –329.

[126] Watts, R. L. , Zimmerman, J. L. Towards a positive theory of the determination of accounting standards [J]. The Accounting Review, 1978, 53 (1): 112 –134.

[127] Watts, R. L. A Proposal for Research on Conservatism. Simon School of Business Working Paper, 1993, FR 93 –113.

[128] Watts, R. L. Conservatism in Accounting Part Ⅰ: Explanations and Implications [J]. Accounting Horizons, 2003 (17): 3207 – 3221.

[129] Watts, R. L. Conservatism in Accounting Part Ⅱ: Evidence and Research Opportunities [J]. Accounting Horizons, 2003 (17): 4287 – 4301.

[130] Wittenberg – Moerman, R. The role of information asymmetry and financial reporting quality in debt trading: Evidence from the secondary loan market [J]. Journal of Accounting and Economics, 2008, 46 (2 – 3): 240 – 260.

[131] Wurgler, J. Financial markets and the allocation of capital [J]. Journal of Financial Economics, 2000, 58 (1 – 2): 187 – 214.

[132] Xia, D., Zhu, S. Corporate Governance and Accounting Conservatism in China [J]. China Journal of Accounting Research, 2009, 2 (2): 81 – 108.

[133] Xu, X., Wang, Y. Ownership structure and corporate governance in Chinese [J]. China Economic Review, 1999 (10): 75 – 98.

[134] Yeh, Y., Shu, P., Lee, T., Su, Y. Non – Tradable Share Reform and Corporate Governance in the Chinese Stock Market [J]. Corporate Governance: An International Review, 2009, 17 (4): 457 – 475.

[135] Zeng, Y., Yuan, Q. Zhang, J. Dark Side of Institutional Shareholder Activism in Emerging Markets: Evidence from China's Split Share Structure Reform [J]. Asia – Pacific Journal of Financial Studies, 2011, 40 (2): 240 – 260.

[136] Zhang, J. The contracting benefits of accounting conservatism to lenders and borrowers [J]. Journal of Accounting and Economics, 2008, 45 (1): 27 – 54.

[137] Zhang, J., Peng, W., Qu, B. Bank risk taking, efficiency, and law enforcement: Evidence from Chinese city commercial banks [J]. China Economic Review, 2012, 23 (2): 284 – 295.

[138] Zhu, S., Xia, D. Accounting conservatism and stock pricing: an analysis based on China's split-stock reform [J]. Nankai Business Review International, 2011, 2 (1): 23 – 47.

[139] 白重恩, 刘俏, 陆洲, 宋敏, 张俊喜. 中国上市公司治理结构的实证研究 [J]. 经济研究, 2005 (2): 81 – 91.

[140] 蔡宁, 魏明海. "大小非" 减持中的盈余管理 [J]. 审计研究, 2009 (2): 40 – 49.

[141] 蔡卫星, 高明华. 终极股东的所有权、控制权与利益侵占: 来自关联交易的证据 [J]. 南方经济, 2010 (2): 28 – 41.

[142] 曹宇，李琳，孙铮. 公司控制权对会计盈余稳健性影响的实证研究 [J]. 经济管理，2005 (14): 34 – 42.

[143] 陈冬华，陈信元，万华林. 国有企业中的薪酬管制与在职消费 [J]. 经济研究，2005 (2): 92 – 101.

[144] 陈耿，杜烽. 全流通条件下大股东增持股份的模型分析 [J]. 现代财经（天津财经大学学报），2012, 32 (2): 83 – 87.

[145] 陈耿，周军. 企业债务融资结构研究——一个基于代理成本的理论分析 [J]. 财经研究，2004 (2): 58 – 65.

[146] 陈汉文，林志毅，严晖. 公司治理结构与会计信息质量——由"琼民源"引发的思考 [J]. 会计研究，1999 (5): 28 – 30.

[147] 陈千里. 股权激励、盈余操纵与国有股减持 [J]. 中山大学学报（社会科学版），2008 (1): 149 – 155.

[148] 陈少华，王利娜. 董事会特征与会计盈余稳健性——来自中国 A 股市场的经验证据 [C]. 中国第四届实证会计国际研讨会论文集，2005.

[149] 陈胜蓝，卢锐. 股权分置改革、盈余管理与高管薪酬 [EB/OL]. 工作论文，2009.

[150] 陈胜蓝，魏明海. 董事会独立性、盈余稳健性与投资者保护 [J]. 中山大学学报（社会科学版），2007 (2): 96 – 102.

[151] 陈晓，王琨. 关联交易、公司治理与国有股改革——来自我国资本市场的实证证据 [J]. 经济研究，2005 (4): 77 – 86.

[152] 陈旭东，黄登仕. 公司治理与会计稳健性——基于上市公司的实证研究 [J]. 证券市场导报，2007 (3): 10 – 17.

[153] 陈旭东，黄登仕. 上市公司会计稳健性的时序演进与行业特征研究 [J]. 证券市场导报，2006 (4): 59 – 65.

[154] 陈震，张鸣. 高管内部的级差报酬研究 [J]. 中国会计评论，2006, 4 (1): 15 – 28.

[155] 陈志军. 我国上市公司现金股利分配现状及成因 [J]. 经济导刊，2011 (8): 26 – 27.

[156] 丑建忠，黄志忠，谢军. 股权激励能够抑制大股东掏空吗？[J]. 经济管理，2008 (17): 48 – 53.

[157] 淳伟德，王璞. 股权分置改革、自由现金流量与上市公司资本结构优化 [J]. 西南民族大学学报（人文社科版），2010 (8): 135 – 139.

[158] 崔宏，夏冬林. 全流通条件下的股东分散持股结构与公司控制权

市场失灵——基于上海兴业房产股份有限公司的案例分析管理世界，2006 (10)：114-127.

[159] 代兵. 乐视网大股东减持案例研究 [D]. 吉林财经大学，2019.

[160] 戴亦一，潘越，魏诗琪. 机构投资者与上市公司"合谋"了吗？——基于高管非自愿变更与继任选择事件的分析 [J]. 南开管理评论，2011 (2)：69-81.

[161] 丁方飞，范丽. 我国机构投资者持股与上市公司信息披露质量——来自深市上市公司的证据 [J]. 软科学，2009 (5)：18-23.

[162] 杜兴强，王丽华. 高层管理当局薪酬与上市公司业绩的相关性实证研究 [J]. 会计研究，2007 (1)：58-65.

[163] 冯惠琴. 基于关联方交易的会计舞弊研究 [J]. 山西财经大学学报，2011，33 (2)：58.

[164] 付代红. 我国上市公司现金股利分配：现状、根源与对策 [J]. 特区经济，2009 (12)：110-112.

[165] 傅利平，张大勇. 基于股份减持中的大股东隧道行为实证研究 [J]. 财经理论与实践，2011，32 (5)：39-43.

[166] 高雷，张杰. 公司治理、机构投资者与盈余管理 [J]. 会计研究，2008 (9)：64-72.

[167] 耿照源，邬咪娜，高晓丽. 我国上市公司股权激励与盈余管理的实证研究 [J]. 统计与决策，2009 (10)：141-143.

[168] 郝项超，梁琪. 最终控制人股权质押损害公司价值么？[J]. 会计研究，2009 (7)：57-63，96.

[169] 贺建刚，魏明海，刘峰. 利益输送、媒体监督与公司治理：五粮液案例研究 [J]. 管理世界，2008 (10)：141-164.

[170] 洪剑峭，方军雄. 关联交易和会计盈余的价值相关性 [J]. 中国会计评论，2005，3 (1)：87-98.

[171] 洪剑峭，薛皓. 股权制衡如何影响经营性应计的可靠性——关联交易视角 [J]. 管理世界，2009 (1)：153-161.

[172] 胡国柳，韩葱慧. 机构投资者与会计信息质量之关系的实证研究 [J]. 财经理论与实践，2009 (11)：56-60.

[173] 胡南薇，曹强. 上市公司财务重述与审计服务定价——兼评新审计准则的颁布效果 [J]. 经济经纬，2011 (1)：74-78.

[174] 黄世忠. 上市公司会计信息质量面临的挑战与思考 [J]. 会计研

究，2001（10）：6 – 11.

[175] 黄志忠. 股权比例、大股东"掏空"策略与全流通 [J]. 南开管理评论，2006（1）：58 – 65.

[176] 贾瑞芳. 新会计准则的实施效果：稳健性角度 [D]. 中山大学硕士毕业论文，2008.

[177] 江伟. 会计稳健性与管理层薪酬对会计业绩的敏感度 [J]. 暨南学报（哲学社会科学版），2007（5）：32 – 38.

[178] 江向才. 公司治理与机构投资人持股之研究 [J]. 南开管理评论，2004，7（1）：33 – 40.

[179] 靳庆鲁，原红旗. 公司治理与股改对价的确定 [J]. 经济学（季刊），2008，8（1）：249 – 270.

[180] 黎明，石美玲. 论外部治理对会计信息披露质量的影响 [J]. 财会通讯（综合），2010，11（下）：25 – 27.

[181] 李苗捷. 大股东股权质押对公司价值的影响研究 [D]. 江西师范大学，2020.

[182] 李宁，刘玉红. 大小非减持过程中的盈余管理行为及监管策略 [J]. 财经问题研究，2009（11）：56 – 60.

[183] 李瑞，马德芳，祁怀锦. 全流通与业绩改进——基于股权结构视角的实证研究 [J]. 中南财经政法大学学报，2011（6）：63 – 69.

[184] 李瑞. 关联方交易与会计稳健性：基于全流通动态视角的实证研究 [D]. 中央财经大学，2012.

[185] 李爽，吴溪. 审计失败与证券审计市场监管——审计失败与证券审计市场监管 [J]. 会计研究，2002（2）：28 – 36.

[186] 李小溪. 股权分置改革前后大股东掏空方式比较研究 [J]. 会计之友（下月刊），2010（8）：115 – 116.

[187] 李延喜，包世泽，高锐，孔宪京. 薪酬激励、董事会监管与上市公司盈余管理 [J]. 南开管理评论，2007（6）：55 – 61.

[188] 李远鹏，李若山. 是会计盈余稳健性，还是利润操纵？——来自中国上市公司的经验证据 [J]. 中国会计与财务研究，2005，7（3）：1 – 56.

[189] 李远鹏. 会计稳健性研究——基于中国上市公司的实证发现 [D]. 复旦大学博士学位论文，2006.

[190] 李增泉，卢文彬. 会计盈余的稳健性：发现与启示 [J]. 会计研究，2003（2）：19 – 27.

[191] 李增泉，孙铮，王志伟．"掏空"与所有权安排——来自我国上市公司大股东资金占用的经验证据 [J]．会计研究，2004（12）：3 – 13.

[192] 李增泉，孙铮，王志伟．"掏空"与所有权安排——来自我国上市公司大股东资金占用的经验证据 [J]．会计研究，2004（12）：3 – 13，97.

[193] 李增泉，余谦，王晓坤．掏空、支持与并购重组：来自我国上市公司的经验证据 [J]．经济研究，2005（1）：95 – 105.

[194] 廖理，沈红波，郦金梁．股权分置改革与上市公司治理的实证研究 [J]．中国工业经济，2008（5）：99 – 108.

[195] 廖理，张学勇．全流通纠正终极控制者利益取向的有效性——来自中国家族上市公司的证据 [J]．经济研究，2008（8）：77 – 89.

[196] 林浚清，黄祖辉，孙永祥．高管团队内薪酬差距、公司绩效和治理结构 [J]．经济研究，2003（4）：32 – 40.

[197] 刘成彦，陈炜．后股权分置时代上市公司大股东交易行为研究 [J]．证券市场导报，2006（10）：16 – 27.

[198] 刘峰，贺建刚，魏明海．控制权、业绩与利益输送——基于五粮液的案例研究 [J]．管理世界，2004（8）：102 – 118.

[199] 刘峰，张立民，雷科罗．我国审计市场制度安排与审计质量需求——中天勤客户流向的案例分析 [J]．会计研究，2002（12）：22 – 27.

[200] 刘峰，周福源．国际四大意味着高审计质量吗——基于会计稳健性角度的检验 [J]．会计研究，2007（3）：79 – 87.

[201] 刘凤委，汪扬．公司治理机制对会计稳健性影响之实证研究 [J]．上海立信会计学院学报，2006（3）：16 – 22.

[202] 刘星，胡伟．机构投资者参与公司治理的研究——基于关联方占用的角度 [J]．贵州财经学院学报，2010（6）：42 – 47.

[203] 刘亚莉，李静静．大股东减持、股权转让溢价与控制权私利 [J]．经济问题探索，2010（8）：92 – 98.

[204] 刘煜辉，熊鹏．股权分置、政府管制和中国 IPO 抑价 [J]．经济研究，2005（5）：85 – 95.

[205] 柳建华，魏明海，郑国坚．大股东控制下的关联投资："效率促进"抑或"转移资源"[J]．管理世界，2008（3）：133 – 141.

[206] 鲁海帆．高管层内薪酬差距、CEO 内部继任机会与公司业绩研究——基于锦标赛理论的实证分析 [J]．南方经济，2010（5）：23 – 32.

[207] 罗党论，唐清泉．独立董事制度实施效果分析基于上市公司关联

交易的证据 [J]. 南方经济, 2006 (9): 65 - 74.

[208] 马曙光, 黄志忠, 薛云奎. 股权分置、资金侵占与上市公司现金股利政策 [J]. 会计研究, 2005 (9): 44 - 50.

[209] 毛新述, 戴德明. 会计制度变迁与盈余稳健性: 一项理论分析 [J]. 会计研究, 2008 (9): 26 - 32.

[210] 毛新述, 戴德明. 会计制度改革、盈余稳健性与盈余管理 [J]. 会计研究, 2009 (12): 38 - 46.

[211] 孟焰, 张秀梅. 上市公司关联方交易盈余管理与关联方利益转移关系研究 [J]. 会计研究, 2006 (4): 37 - 43.

[212] 平新乔. "预算软约束" 的新理论及其计量验证 [J]. 经济研究, 1998 (10): 70 - 80.

[213] 邱月华, 曲晓辉. 是盈余稳健性还是盈余管理? 来自中国证券市场的经验证据 [J]. 中国会计评论, 2009, 7 (4): 371 - 382.

[214] 曲晓辉, 邱月华. 强制性制度变迁与盈余稳健性——来自深沪证券市场的经验证据 [J]. 会计研究, 2007 (7): 20 - 28.

[215] 申慧慧, 黄张凯, 吴联生. 股权分置改革的盈余质量效应 [J]. 会计研究, 2009 (8): 40 - 48.

[216] 宋逢明, 袁萍, 高峰. 国有大股东是否影响中国公司的董事会治理. 工作论文, 2006.

[217] 苏冬蔚, 林大庞. 股权激励、盈余管理与公司治理 [J]. 经济研究, 2010 (11): 88 - 100.

[218] 孙刚. 控股权性质、会计稳健性与不对称投资效率——基于我国上市公司的再检验 [J]. 山西财经大学学报, 2010, 32 (5): 74 - 84.

[219] 孙亮, 刘春. 什么决定了盈余管理程度的差异: 公司治理还是经营绩效? ——来自中国证券市场的经验证据 [J]. 中国会计评论, 2008 (1): 29 - 92.

[220] 孙晓玲, 覃银月. 五粮液的关联方交易问题分析 [J]. 财会月刊, 2010, 5 (中旬): 75 - 77.

[221] 孙铮, 刘凤委, 李增泉. 市场化程度、政府干预与企业债务期限结构——来自我国上市公司的经验证据 [J]. 经济研究, 2005 (5): 52 - 63.

[222] 唐松, 周国良, 于旭辉, 孙铮. 股权结构、资产质量与关联担保——来自中国 A 股上市公司的经验证据 [J]. 中国会计与财务研究, 2008 (2): 62 - 113.

[223] 佟岩, 程小可. 关联交易利益流向与中国上市公司盈余质量 [J]. 管理世界, 2007 (11): 127 - 138.

[224] 佟岩, 王化成. 关联交易、控制权收益与盈余质量 [J]. 会计研究, 2007 (4): 75 - 82.

[225] 万红波, 王洋. 公允价值与会计稳健性研究 [J]. 财会研究, 2010 (17): 22 - 24.

[226] 汪昌云, 孙艳梅, 郑志刚. 股权分置改革实现了完善上市公司治理的目的吗?——基于我国上市公司股改公司治理短期效应的检验 [EB/OL]. 工作论文, 2010.

[227] 王恩山. 我国 IPO 审计市场竞争态势分析 [J]. 财会月刊, 2011, 1 (下旬): 20 - 22.

[228] 王化成, 佟岩. 大股东与盈余质量——基于盈余反应系数的考察 [J]. 会计研究, 2006 (2): 66 - 74.

[229] 王军会. 新会计准则对上市公司会计盈余稳健性的影响 [D]. 中国会计学会高等工科院校分会 2009 年学术会议 (第十六届学术年会) 论文集, 2009.

[230] 王克敏, 王志超. 高管控制权、报酬与盈余管理——基于中国上市公司的实证研究 [J]. 管理世界, 2007 (7): 111 - 119.

[231] 王琨, 肖星. 机构投资者持股与关联方占用的实证研究 [J]. 南开管理评论, 2005, 8 (2): 27 - 33.

[232] 王亮, 罗党论, 姚益龙. 股权分置改革大股东支持的动机与后果——来自中国上市公司的经验证据 [J]. 山西财经大学学报, 2010 (11): 94 - 101.

[233] 王亮, 姚益龙. 企业特征、关联交易与大股东支持——来自中国上市公司的经验证据 [J]. 南方经济, 2010 (11): 34 - 36.

[234] 王鹏, 张俊瑞, 赵丽荣. 公司治理与会计稳健性: 因果关系视角的追溯 [J]. 经济体制改革, 2010 (3): 69 - 74.

[235] 王平心, 吴清华, 殷俊明. 独立董事制度之弱化治理效应: 一种理论假说及其证据 [J]. 西安交通大学学报 (社会科学版), 2006 (1): 37 - 42.

[236] 王毅春, 孙林岩. 银企关系、股权特征与会计稳健性——来自中国上市公司的经验证据 [J]. 财政研究, 2006 (7): 70 - 72.

[237] 王咏梅, 邓舒文. 事务所合并可以提高审计质量吗?——基于中国审计市场的研究 [J]. 管理世界, 2010 (12): 180 - 181.

［238］王志伟．上市公司关联交易与会计稳健性——基于分离均衡的视角［J］．山西财经大学学报，2010（5）：118－124.

［239］魏锋，孔煜．管理层持股比例的内生性检验——基于公司投资行为的视角［J］．软科学，2006，20（3）：64－68.

［240］魏军锋．非流通股对股票市场和上市公司的影响［J］．经济学，2004（2）：475－492.

［241］温章林．管理层持股影响会计稳健性的实证研究——来自2005～2008年中国上市公司的经验证据［J］．经济论坛，2010（2）：63－166.

［242］吴德胜，吕斐适，于善辉．流通股股东在股权分置改革中是否获得了财富增值？［J］．南开经济研究，2008（2）：126－143.

［243］吴红军，吴世农．股权制衡、大股东掏空与企业价值［J］．经济管理，2009，31（3）：44－52.

［244］吴清华，王平心．公司盈余质量：董事会微观治理绩效之考察——来自中国上市公司董事会结构强制性变迁的经验证据［J］．数理统计与管理，2007（1）：30－40.

［245］吴世农．我国上市公司股权结构、董事会独立性与公司价值的理论分析［J］．学术月刊，2005（2）：109－115.

［246］吴淑琨，柏杰，席酉民．董事长与总经理两职的分离与合一［J］．经济研究，1998：21－28.

［247］吴淑琨，刘铁军．虚假与真实支持：后股权分置时代大股东行为实证研究［EB/OL］．工作论文，2007.

［248］吴晓求．股权分置改革的若干理论问题——兼论全流通条件下中国资本市场的若干新变化［J］．财贸经济，2006（2）：24－31.

［249］夏冬林，朱松．会计稳健性浅析［J］．财务与会计（综合版），2008（7）：53.

［250］夏和平，赵西亮，袁光华．公司治理与公司绩效关系的实证分析——以竞争性行业上市公司为例［J］．商业研究，2006（4）：5－9.

［251］夏立军，方轶强．政府控制、治理环境与公司价值——来自中国证券市场的经验证据［J］．经济研究，2005（5）：40－51.

［252］萧维嘉，王正位，段芸．大股东存在下的独立董事对公司业绩的影响——基于内生视角的审视［J］．南开管理评论，2009（2）：90－97.

［253］肖成民，吕长江．利润操纵行为影响会计稳健性吗？——基于季度盈余不同汇总方法的经验证据［J］．会计研究，2010（9）：17－24.

［254］肖作平，苏忠秦．现金股利是"掏空"的工具还是掩饰"掏空"的面具？——来自中国上市公司的经验证据［J］．管理工程学报，2012，26（2）：77－84．

［255］谢德仁，郑登津，崔宸瑜．大股东股权质押是潜在的"地雷"吗？——基于股价崩盘风险视角的研究［J］．管理世界，2016（5）：128－140，188．

［256］谢梅，郑爱华．股权分置改革前后竞争、终极控制人及公司业绩关系的比较研究——来自工业类上市公司的经验证据［J］．南开经济研究，2009（4）：15－32．

［257］辛清泉，谭伟强．市场化改革、企业业绩与国有企业经理薪酬［J］．经济研究，2009（11）：68－81．

［258］辛宇，徐莉萍．投资者保护视角下治理环境与股改对价之间的关系研究［J］．经济研究，2007（9）：121－133．

［259］熊艳，李常青．"拜托债权人"还是"拜托机构投资者"——论二者在代理冲突中的角色扮演［J］．山西财经大学学报，2011（7）：41－48．

［260］修宗峰．股权集中、股权制衡与会计稳健性［J］．证券市场导报，2008（3）：40－48．

［261］徐华新，王少飞，孙铮．企业过度投资与会计稳健性——来自我国上市公司的实证分析［D］.2009 年会计理论专题学术研讨会，2009．

［262］徐莉萍，辛宇，陈工孟．股权集中度和股权制衡及其对公司经营绩效的影响［J］．经济研究，2006（1）：90－100．

［263］徐寿福，贺学会，陈晶萍．股权质押与大股东双重择时动机［J］．财经研究，2016，42（6）：74－86．

［264］徐义群，石水平．股权激励真的改善了企业绩效吗——来自我国上市公司的经验证据［J］．山西财经大学学报，2010（4）：53－59．

［265］徐昭．上市公司内部人减持行为的内在机制综述［J］．经济理论与经济管理，2014（3）：95－111．

［266］杨海燕，祁怀锦．会计信息质量与机构投资者持股偏好研究［J］．广西民族大学学报（哲学社会科学版），2011（3）：139－144．

［267］杨雄胜，冯峥，兰岚．上市公司独立董事制度实施效果实证研究［J］．财会通讯（学术版），2007（6）：20－23．

［268］杨悦.ST 辅仁大股东资金占用问题研究［D］.吉林大学，2020．

［269］杨忠莲，杨振慧．独立董事与审计委员会执行效果研究——来自

报表重述的证据审计研究，2006（2）：81－85.

[270] 姚颐，刘志远. 机构投资者具有监督作用吗？[J]. 金融研究，2009（6）：128－143.

[271] 叶康涛，陆正飞，张志华. 独立董事能否抑制大股东的"掏空"？[J]. 经济研究，2007（4）：101－111.

[272] 叶康涛，陆正飞. 关联交易、会计信息有用性与内部代理成本 [EB/OL]. 工作论文，2008.

[273] 叶康涛，祝继高，陆正飞，张然. 独立董事的独立性：基于董事会投票的证据 [J]. 经济研究，2011（1）：126－139.

[274] 易志高，李心丹，潘子成，茅宁. 公司高管减持同伴效应与股价崩盘风险研究 [J]. 经济研究，2019，54（11）：54－70.

[275] 于东智，王化成. 独立董事与公司治理：理论、经验与实践 [J]. 会计研究，2003（8）：8－13.

[276] 于东智. 资本结构、债权治理与公司绩效：一项经验分析 [J]. 中国工业经济，2003（1）：87－94.

[277] 俞红海，徐龙炳. 终极大股东控制权与全流通背景下的大股东减持 [J]. 财经研究，2010（1）：123－133.

[278] 袁萍，刘士余，高峰. 关于中国上市公司董事会、监事会与公司业绩的研究 [J]. 金融研究，2006（6）：23－32.

[279] 袁卫秋. 沉默的债权人与大股东的控制权升水 [J]. 当代经济科学，2007，29（2）：71－77.

[280] 张光荣，曾勇. 大股东的支撑行为与隧道行为——基于托普软件的案例研究 [J]. 管理世界，2006（8）：126－135.

[281] 张洁慧. 我国会计稳健性的动因及影响分析 [D]. 上海交通大学硕士毕业论文，2008.

[282] 张娟，黄志忠，李明辉. 签字注册会计师强制轮换制度提高了审计质量吗？——基于中国上市公司的实证研究 [J]. 审计研究，2011（5）：82－89.

[283] 张利红，刘国常. 大股东控制与外部审计治理——股票全流通时代的经验证据 [J]. 山西财经大学学报，2014，36（9）：113－124.

[284] 张文贤. 会计理论与创新 [M]. 中国财政经济出版社，2002.

[285] 张祥建，郭岚. 资产注入、大股东寻租行为与资本配置效率 [J]. 金融研究，2008（2）：98－112.

［286］张祥建，王东静，徐晋．关联交易与控制性股东的"隧道行为"［J］．南方经济，2007（5）：53－64．

［287］张学勇，廖理．股权分置改革、自愿性信息披露与公司治理［J］．经济研究，2010（4）：28－39．

［288］张育军．"后股权分置时代"监管、创新与市场发展［J］．证券市场导报，2006（7）：22－35．

［289］张正堂，李欣．高层管理团队核心成员薪酬差距与企业绩效的关系［J］．经济管理，2007（2）：16－25．

［290］张正堂．企业内部薪酬差距对组织未来业绩影响的实证研究［J］．会计研究，2008（9）：81－87．

［291］赵春光．中国会计改革与谨慎性的提高［J］．世界经济，2004（4）：53－62．

［292］赵德武，曾力，谭莉川．独立董事监督力与盈余稳健性——基于中国上市公司的实证研究［J］．会计研究，2008（9）：55－63．

［293］赵自兵，陈金明，卫新江．中国A股股票需求弹性——基于全流通IPO锁定期解除效应的实证分析［J］．金融研究，2010（4）：115－127．

［294］郑国坚，林东杰，张飞达．大股东财务困境、掏空与公司治理的有效性——来自大股东财务数据的证据［J］．管理世界，2013（5）：157－168．

［295］郑国坚．基于效率观和掏空观的关联交易与盈余质量关系研究［J］．会计研究，2009（10）：68－76．

［296］郑志刚，孙艳梅，谭松涛，姜德增．股权分置改革对价确定与我国上市公司治理机制有效性的检验［J］．经济研究，2007（7）：96－109．

［297］中国社会科学院世界经济与政治所公司治理研究中心．中国上市公司100强公司治理评价［R］．2009．

［298］周晓苏，杨忠海．大股东行为、特征与财务报告稳健性——中国A股市场上市公司的经验证据［J］．审计与经济研究，2010（3）：54－61．

［299］周晓苏，张继袖．大股东关联交易的后果研究——以制度变迁为视角［J］．当代会计评论，2008（1）：55－71．

［300］朱茶芬，李志文，陈超．A股市场上大股东减持的时机选择和市场反应研究［J］．浙江大学学报（人文社会科学版），2011，41（3）：159－169．

［301］朱茶芬，李志文．国家控股对会计稳健性的影响研究［J］．会计研究，2008（5）：38－45．

[302] 朱红军,何贤杰,陈信元.定向增发"盛宴"背后的利益输送:现象、理论根源与制度成因——基于驰宏锌锗的案例研究 [J].管理世界,2008 (6):136-147,188.

[303] 朱红军,汪辉."股权制衡"可以改善公司治理吗?——宏智科技股份有限公司控制权之争的案例研究 [J].管理世界,2004 (10):114-123.

[304] 朱松,夏冬林.制度环境、经济发展水平与会计稳健性 [J].审计与经济研究,2009 (11):57-63.